Bernhard Schmidt

Der Vocalismus der Siegerländer Mundart

Bernhard Schmidt

Der Vocalismus der Siegerländer Mundart

ISBN/EAN: 9783744632966

Hergestellt in Europa, USA, Kanada, Australien, Japan

Cover: Foto ©Andreas Hilbeck / pixelio.de

Weitere Bücher finden Sie auf **www.hansebooks.com**

Im äussersten Süden der heutigen preussischen Provinz Westfalen, in dem Gebiet der obern Sieg und ihrer Zuflüsse, liegt, ein fränkisches Glied an dem Körper des sonst ganz dem sächsischen Stamme zugehörenden Landes der roten Erde, das Siegerland, ein Ländchen, welches in gar mancher Beziehung unsere besondre Aufmerksamkeit zu erregen geeignet ist. Schon durch seine Lage scheint es wie geschaffen, um als Schauplatz einer ganz eigenartigen Entwicklung von Geschichte, Sitten und Sprache wie von Handel und Industrie zu dienen. Rings von hohen Bergen eingeschlossen, waren die Bewohner dieses Gebirgskessels, vom Rhein aus vorgeschobene ripuarische Franken, von Anfang an auf sich selber und ihre Täler angewiesen, und nur im Südwesten, da, wo die Sieg sich durch das Gebirge einen Weg gebahnt hatte, stand diesen Ripuariern, die von nun an als Siegerländer die Grenzwacht hielten gegen die Westfalen im Norden und die Chatten im Osten, noch das schmale Tor offen, durch welches sie den Weg in die neue Heimat gefunden hatten. So waren sie zwar noch nicht ganz von ihren Stammesgenossen am Rhein getrennt, aber die Verkehrsstrasse, das Tal der Sieg, war doch zu eng, als dass sich hier ein lebhafterer Verkehr und damit ein innigeres Gefühl der Zusammengehörigkeit mit den alten Stammesbrüdern hätte aufrecht erhalten lassen. Es darf uns daher keineswegs wundern, wenn wir das Siegerland schon sehr früh in kirchlichen und später auch in politischen Beziehungen zu dem im Süden angrenzenden Nassau sehn, dessen Bevölkerung ja auch der siegenschen stammverwandt war. (vgl. Philippi: „Siegener Urkundenbuch" Siegen 1887. pg. ix ff.) Diese Beziehungen zu Nassau haben sich denn auch durch das ganze Mittelalter fortgesetzt: unter den mannigfachsten Schicksalen und Zwischen-

1

fällen blieb das Siegerland in Verbindung mit den Grafen. spätern Fürsten von Nassau bis zum Jahre 1815. wo es an die Krone Preussen kam. (vgl. H. Achenbach: „Der Kreis Siegen" Siegen 1865. pg. 6 ff.; Cuno: „Geschichte der Stadt Siegen" Dillenburg 1872. pg. 1 ff.) Trotzdem bewahrte aber das Siegerland seine volle Selbständigkeit und ist nie mit den nassauischen Ländern vollständig vereinigt worden. Wie hätte man auch eine solche Vereinigung im Siegerland wünschen sollen! War doch der Reichtum des siegener Ländchens so gross, dass jeder Austausch der Erzeugnisse mit einem andern Laude. und wäre es auch das wohlhabende Nassau gewesen. dem Siegerland unbedingt zum Nachteil gereichen musste. Und schon sehr früh hatte man begonnen die Schätze des Landes auszubeuten. Schon Galfrid von Moumouth spricht in seiner „vita Merlini", welche Harry Word in „The British Museum" I London 1883. pg. 278—288 in die Mitte des 12. Jahrhunderts setzt, von „pocula que sculpsit Wilandus de urbe Sigeni." (vgl. Achenbach pg. 43; Philippi pg. XXVIII.) Deutet dies schon auf eine frühe Lokalisirung der Wielandsage im Siegerland. so wird dieselbe noch bestätigt dadurch, dass im Südosten des Landes und gerade in der Nähe des ältesten bekannten. schon 1298 urkundlich (Philippi No. 73) erwähnten Bergwerks am Gebirge Ratzenscheid (montes Ratzenscheit). jetzt Landeskrone, ein Dorf sich findet, das den Namen Wielands führt. Es ist das heutige Wilnsdorf, das als Sitz eines alten Adelsgeschlechts häufig in den Urkunden erscheint. So Phil. 25: Wielandestorf; 16: Wilandisdorf u. s. f. (vgl. Manger: „Die Siegenschen Orte Wilnsdorf, Wilgersdorf und Rödgen in alter Zeit." Siegen 1865. pg. 11 ff.) Auch andere Ortsnamen wie Eisern. Eiserfeld, die ebenfalls schon in den Urkunden des 13. und 14. Jahrhunderts (Phil. 35; 41; 42; 131; 149; 207) vorkommen, bezeugen das hohe Alter des siegerländer Bergbaus, wie auch alte siegener Münzen. welche Philippi ins 12. Jahrhundert setzt (pg. XXI), als Zeugen von der frühen Ausbeutung der mineralischen Schätze des Landes zu gelten haben. Die Gewinnung der im Schosse der Erde verborgenen Mineralien. besonders des Eisens, ist denn auch heute noch die ergiebigste Quelle des Wohlstands des siegener Ländchens und die Gewerbtätigkeit, welche dem Laude einen Weltruf verschafft hat.

Aber nicht nur die unterirdischen Schätze des Siegerlands,
auch das, was die Oberfläche bot, führte zur Entwicklung einer
mächtigen Gewerbtätigkeit. Die siegerländer Berge, zu steil
und zu felsig, um vom Ackerbauer mit Erfolg bewirtschaftet
zu werden, doch auch wenig geeignet, einen ergiebigen Hoch-
wald zu liefern, wurden der Boden, auf welchem sich die
Haubergswirtschaft als eine besondre Eigentümlichkeit des
Siegerlands entwickelte. (vgl. Achenbach: „Die Haubergs-
genossenschaften des Siegerlands“ 1863.) Auf der Grundlage
dieser Haubergswirtschaft aber entfaltete sich die siegener
Lederindustrie, die bald einen solchen Aufschwung nahm,
dass auch sie würdig neben der Eisenindustrie auf dem Welt-
markt keine Konkurrenz zu scheuen braucht.

Wir sehn also, wie sich im Siegerland, begünstigt durch
die abgeschlossene Lage, eine ganz eigen geartete Entwicklung
der politischen wie der wirtschaftlichen Verhältnisse vollzieht.
Es resultirt aus dieser Abgeschlossenheit beim Siegerländer
ein ungemein entwickeltes Heimatgefühl und ein starkes Em-
pfinden der Zusammengehörigkeit, welches weder durch die
1623 erfolgte Teilung des Landes unter die drei Söhne des Grafen
Johann des Mittlern noch durch die darauf folgenden Reli-
gionsfehden erschüttert werden konnte. Es zeigte sich im
schönsten Glanz in jener Deputation, welche im Jahre 1816
bei König Friedrich Wilhelm III. vorstellig wurde, um unter Hinweis auf die historisch begründete Einheit des Siegerlands
die soeben vollzogene Teilung unter Preussen und Nassau
rückgängig zu machen, und in der That die Vereinigung des
ganzen Landes unter Preussens Hoheit erreichte. (vgl. Achenbach: „Der Kreis Siegen“ pg. 11, 29 ff.) Und noch heute ist
dies Gefühl der Zusammengehörigkeit rege, noch heute ist die
Stadt Siegen für den Landbewohner „die Stadt“ κατ' ἐξοχήν
und heisst sie „das Krönchen“ des Landes. Noch heute gedenkt
der Siegener mit Genugtuung der Glanzzeit des Fürstentums
Siegen unter den nassauisch-oranischen Fürsten, und noch heute
nennt er mit Stolz den Namen jenes grossen Oraniers, des
Fürsten Moritz († 1679), der zum siegener Nationalhelden geworden ist. (vgl. Driessen: „Leben des Fürsten Johann Moritz
von Nassau-Siegen“ Berlin 1849.) Daher denn auch ein zähes,
oft übertriebenes Festhalten an den patriarchalischen Einrich-

tungen der „guten alten Zeit", daher eine gewisse bornirte
Voreingenommenheit gegen alles Neue. Daher auch die starke
Abneigung gegen alles Fremde. daher beim einzelnen Indivi-
duum ein hoher Grad von Abgeschlossenheit gegen die Aussen-
welt. Das erweckte auch jenen Hang zum Mysticismus, welcher
in Jung-Stilling († 1817) seinen klassischen Vertreter fand und
heute noch in dem üppig wuchernden Muckertum seine oft
recht wunderlichen Blüten treibt. Andrerseits aber entspringt
aus dieser Abgeschlossenheit des Siegerländers ein hoher Grad
von Selbstgefühl, grosses Vertrauen auf die eigne Kraft, wie
auch ein eifriges Streben, im Wettbewerb es dem Nach-
barn zuvor zu tun. Tief verhasst aber ist jegliches Streber-
tum und jede Kriecherei. Sie widerstreben dem geraden.
schlichten Wesen des Siegerländers und jenem Zuge demo-
kratischer Gesinnung. welcher sich äussert in dem ungezwun-
genen Verkehr der Siegerländer unter einander, einem aus-
gleichenden Element im sozialen Leben des Siegerlands, das
Reich und Arm, Hoch und Niedrig zusammenführt und dem
gesellschaftlichen Verkehr einen wohltuenden patriarchalischen
Anstrich verleiht.

So sehn wir im siegener Land ein reich gesegnetes Fleck-
chen Erde, in seinen Bewohnern ein glückliches zufriedenes
Völkchen. und wir begreifen den anonymen Nationaldichter
des Siegerlands. wenn er im Ueberschwall seines Heimatge-
fühls in einer „Hymne ah d't Seejerland" singt:

> Ech ha de Welt da oeh geseh,
>   doch hanich noch nix fonne,
> Känn Stäh, känn Därfer. die sich nur.
>   met Dir vergliche konne.

(vgl. „Riimcher uss d'm Seejerland" 2. Aufl. Siegen 1882.)

Bemerkten wir im politischen wie im wirtschaftlichen
Leben eine scharfe Absonderung des Siegerlands gegen die
umliegenden Gebiete, so müssen wir für die siegener Mundart
das genaue Gegenteil constatiren: kaum ein deutscher Volks-
dialekt hat sich in dem Masse Elemente der Nachbarmund-
arten zu eigen gemacht wie der siegerländer. Er ist so eine
rechte Uebergangsmundart geworden. und man könnte wohl
zweifeln, welcher von den grössern Dialektgruppen der fränkischen Zunge man ihn zuzurechnen hätte. Heinzerling, der

zuerst die siegener Mundart einer eingehendern Untersuchung
unterwarf. („Ueber den Vocalismus und Consonantismus der
Siegerländer Mundart." Marburg 1871. pg. 5 ff.) rechnet sie zum
rheinfränkischen Dialekt und versteht dabei unter „Rheinfränkisch" die Mundart, welche am untern Rhein von Coblenz
bis hinab nach Düsseldorf gesprochen wird. Da nun aber in
neuerer Zeit sich für diesen Dialekt die Bezeichnung Mittelfränkisch eingebürgert hat, (vgl. Weinhold, kl. mhd. Gramm. ² § 2.
Paul, mhd. Gramm. ² § 2. Braune, ahd. Gramm. ² § 6. Behaghel bei Paul: „Grundriss der germanischen Philologie" Bd. I. 3,
pg. 538.), während man jetzt unter Rheinfränkisch den weiter
rheinaufwärts gesprochenen, dem Alemannischen angrenzenden
Dialekt versteht, so wollen wir zur Vermeidung dieser beiden
irreführenden Bezeichnungen für den jetzt Mittelfränkisch genannten Dialekt nach dem Vorgange von Weinhold die Bezeichnung Ripuarisch gebrauchen. Die Benennung Rheinfränkisch
für die in der Wetterau, der Pfalz und den angrenzenden Gebieten gesprochene Mundart aber wollen wir durch das von
Paul (Mhd. Gr. ² § 2.) empfohlene Südfränkisch ersetzen, obwohl uns diese Bezeichnung an sich nicht ganz zusagt. cf.
Braune, ahd. Gr. ² § 6.

Nach Weinhold (Kl. mhd. Gr. ² § 2) gehört das Siegensche
zweifellos zum Ripuarischen. Ebendahin wird es sowohl von
Paul (Mhd. Gr. ² § 2) als auch von Behaghel (a. a. O.) gerechnet.
doch wird es immer ausdrücklich als Grenzdialekt bezeichnet.

Nach Behaghel besteht das Hauptkennzeichen des ripuarischen Dialekts darin, dass er in den Pronominalformen *dat,
it, wat, allet* das *t* unverschoben lässt, während es im Südfränkischen wie in allen andern hochdeutschen Mundarten in
s übergeht. Dazu kommt noch das pronominale *dit*. (Braune,
ahd. Gr. ² §§ 160. 87. Weinhold, mhd. Gr. ¹ § 180; kl. mhd. Gr. ²
§§ 56. 79. Paul, mhd. Gr. § 92.) Ausserdem verschiebt das
Ripuarische *p* im Anlaut und Inlaut nach Consonanten nie,
während das Südfränkische die Verschiebung nach *l* und *r*
eintreten lässt. (Braune, ahd. Gr. ² § 87. Weinhold, mhd. Gr. ¹
§ 154; kl. mhd. Gr. ² § 67. Paul, mhd. Gr. ² § 92.) Prüfen
wir das Siegensche auf diese Erscheinungen hin, so sehn
wir in den siegenschen Formen *dat, ət* (enclit. *ət*) und *rat* das
t unverschoben. *Dit* ist im siegener Dialekt mit diesem ganzen

Pronomen verloren gegangen; dass es einmal vorhanden war, lehren die Urkunden sowohl wie auch die veraltete Redensart *dẹst ọnn dat* „dies und jenes" dafür bürgt, dass *t* hier unverschoben blieb. Für *allet* dagegen haben wir siegensch wie gemeinhochdeutsch immer *allez*. Andrerseits ist aber wieder zu bemerken, dass auch die seltene flectirte neutrale Form des Adjectivums, wenn sie vorkommt, unverschobenen Dental zeigt. Belege hierfür bieten besonders noch substantivirte neutrale Adjectiva, wie *füddət* „Fett", vom adj. *füdd* „fett", *vëstchə* „kleine Wunde", von *vëə* „wehe" gebildet. Hier scheint sich demnach das Siegensche als ripuarische Mundart zu kennzeichnen, wenn auch die Erhaltung von *t* in den besprochenen Formen nicht in ganz so weitem Umfange durchgeführt erscheint, wie es in diesem Dialekt sonst üblich ist.

Ganz anders aber verhält es sich mit jener zweiten Erscheinung des Consonantismus, die wir ins Auge fassten. Hier nämlich steht der siegerländer Dialekt fast durchaus auf südfränkischem Boden, da er in der weitaus überwiegenden Mehrzahl der Fälle *rp* und *lp* zu *rf* und *lf* wandelt, wie die Formen *dorf*, *vëərfə*, *hëəlfə* etc. beweisen. Nur in ganz vereinzelten Formen ist *p* nach *r* [und *l*] erhalten, so in *šärp* „scharf", mhd. ahd. *scharf* asächs. *scarp; qárbə* f. „Karpfen", meist eine besondre Schweinerace bezeichnend, ahd. *charpho*, engl. *carp*. Nach diesem Kriterium müssten wir also das Siegensche dem Südfränkischen zurechnen.

Auch die siegener Urkunden sind hier von keinem Nutzen. Auch hier haben wir bei *dat, it, wat, dit* ein Ueberwiegen der unverschobenen *t*. Daneben aber haben wir gar nicht selten Urkunden mit durchgängig verschobenem Dental und endlich auch solche, in denen verschobener und unverschobener *t*-Laut nebeneinander stehn. (So in Phil. sg. Uk. Nro. 193; 208; 214; 266; 313; 332 u. a. m.)

Bei der Behandlung von *rp* und *lp* zeigt sich in den Urkunden ebenfalls ein regelloses Schwanken. Auch hier haben wir bald durchgängig unverschobenen Laut (sg. Uk. 191; 288), bald allgemein Verschiebung (268; 320), bald in derselben Urkunde verschobenen und unverschobenen Labial nebeneinander (260).

So paralysiren sich die Hauptkriterien der Entscheidung,

und wir müssen uns nach andern unterscheidenden Merkmalen
umsehn.

Der Consonantismus nun bietet uns deren nur sehr wenige,
wenn auch einige. So entspricht gemeinhochdeutschem aus-
lautendem *b* siegensch wie niederdeutsch ein *f* (vgl. Heinzerling
pg. 70 ff.); ebenso ist germanisches anlautendes *wr* im siegenschen
Dialekt immer durch *br* vertreten (cf. Hz. pg. 80 ff.; Müllenhoff
& Scherer's Denkmäler VIII.), beides Erscheinungen, welche
dem Siegenschen mit dem Ripuarischen gemeinsam sind, und
die das Südfränkische gar nicht oder doch nicht in dem Masse
zeigt.

Viel wichtiger für die Bestimmung der Stellung des siegerländer Dialekts innerhalb des Fränkischen ist der Vocalismus,
und zwar, wie schon Heinzerling (pg. 12 f.) sah, besonders deshalb, weil von den beiden hier in Betracht kommenden fränkischen Dialekten das Ripuarische wesentlich niederdeutschen,
das Südfränkische dagegen durchaus hochdeutchen Vocalismus zeigt.

Ripuarischen Charakter tragen nun folgende Erscheinungen
des siegenschen Vocalismus:

1) die Vorliebe für unechte Diphthonge und die Abneigung
gegen echte Zweilauter, die specifisch ripuarisch ist;

2) die Vorliebe für reines *a*, die sich zeigt a) in der Erhaltung des *a* resp. seines richtigen Umlauts *ä*, wo sonst nhd.
ein *o* resp. *ö* steht, b) in der Dehnung von *a* zu *á*, wo südfränkisch meist *aͦ* (offener *o*-Laut) steht, c) in dem häufigen,
oft unorganischen Vorkommen von *a* vor *r*;

3) die Vertretung von germ. *é* und *eo* durch rip. *é* im
Siegenschen, wo südfränkisch *i* (nhd. *ie* geschrieben) steht;

4) dementsprechend sieg. *ó* für germ. *ó*, wo die meisten
südfrk. Dialekte *ú* haben;

5) strenge Durchführung der nd. Schwächung von *i* und
u zu *e* und *o*;

6) Abneigung gegen die Diphthongirung von *i* und *ú*.

Andrerseits haben wir Zusammengehn des Siegenschen
mit dem südfrk. Hessischen in

1) der Abneigung des grössten Teils der siegerländer Mundart gegen die Laute *ö*, *ü* und *eu*, welche durch die entsprechenden
hellen Vocale *e*, *i* und *ai* vertreten werden;

2) der Erhaltung von germ. *ai*, wenn es nicht vor *r*, *h*, *w* steht, wo wir ripuarisch immer *é* haben;

3) der Erhaltung von *au* (ausser vor Dentalen, *h* und *w*). wo ripuarisch stets *ó* steht.

Zeigt sich so schon ein quantitatives Ueberwiegen des ripuarischen Elements in der siegerländer Mundart, so ist das entscheidende Moment doch erst der Umstand, dass die südfränkischen Eigentümlichkeiten des Siegenschen, auch wenn sie im weitaus grössern und herrschenden Gebiet der Mundart sich finden, doch niemals auf dem ganzen Gebiet nachzuweisen sind, also nicht als Charakteristika des Siegenschen in seiner Gesamtheit dienen können, während die angeführten ripuarischen Elemente auf dem ganzen Gebiet nachweisbar sind und deshalb als charakteristische Merkmale zu gelten haben. Bei den einzelnen Lauten wird das näher behandelt werden; vorläufig genüge es zu constatiren, dass im Siegenschen ein ripuarischer Dialekt vorliegt, wie das ja auch am besten unsrer Annahme von der Besiedlung des Landes durch ripuarische Franken entspricht.

Freilich der Einfluss, den der benachbarte hessisch-wittgensteinisch-nassauische südfränkische Dialekt auf den siegerländer ausgeübt hat, ist ein ganz gewaltiger gewesen, und das darf bei den jahrhundertelangen Beziehungen des Siegerlands zu Nassau kann wunder nehmen. Im Südosten und Osten vollzieht sich daher der Uebergang zum Südfränkischen fast unmerklich, und so bietet auch der siegener Dialekt ein eklatantes Beispiel für die wellenartigen Uebergänge zwischen benachbarten Mundarten, wie sie Johannes Schmidt (,,Die Verwandtschaftsverhältnisse der indogerm. Sprachen.'' Weimar 1872.) für die Sprachen des indogerm. Sprachstamms erwiesen hat.

Wir sehn also im Siegenschen einen im Grunde ripuarischen Dialekt vor uns, der jedoch durch Aufnahme fremder Sprachelemente den Anschluss auch an das benachbarte Südfränkische gewonnen hat. Gerade dieses vermittelnde Ueberleiten ist denn auch das besondre Merkmal der siegener Mundart und gibt derselben jene charakteristische Eigenart, welche der siegerländer Volksdichter mit „half hochditsch oun half platt'' bezeichnet. Freilich was der siegener Dialekt an plattdeutschen Elementen besitzt, gehört zu seinem ripuarischen Grundcharakter, während der Einfluss des im Norden angrenzenden Westfälischen verschwindend gering anzuschlagen ist.

Selten bietet nun die siegener Mundart Lautstufen, die, dem ganzen Gebiet derselben gemeinsam, genau die Mitte hielten zwischen den entsprechenden ripuarischen und südfränkischen Formen. Das geschieht eigentlich nur bei der Vertretung von germ. *â*, wo das Siegensche ein *âō* aufweist, das genau in der Mitte steht zwischen dem rip. nd. *â* und dem hess. sdfrk. *ô* (cf. Heinz. pg. 30). Etwas Aehnliches zeigt sich bei *i* und *ü* vor Vocalen und im Auslaut; vgl. unter *î*.

Viel öfter geschieht der Uebergang durch Bildung von Unterdialekten, bei denen sich das Spiel der Hauptdialekte wiederholt. Auch sie treten durch Entlehnung einer Anzahl von Eigentümlichkeiten in nähere Beziehung zu den gerade benachbarten Mundarten, stehn aber zueinander auch wieder in jenem wellenartigen Uebergangsverhältnis.

So hat auch das Siegensche eine Anzahl Unterdialekte. Im Wesentlichen können wir deren vier feststellen. Indessen bleibt dabei zu beachten, dass für diese Unterdialekte feste Grenzen aufzustellen gänzlich unmöglich ist, spricht doch kein einziges Dorf wie das nächstbenachbarte, und sind doch sogar in der Stadt Siegen zwei verschiedene Idiome beobachtet worden. (cf. Heinz. pg. 9).

Diese vier Unterdialekte sind nun die folgenden:

1) der von Freudenberg (frdbg.) im Westen und Südwesten, umfassend das Amt Freudenberg;

2) der des obern Ferndorftales (fdf.), im Norden und Nordosten, umfassend die Aemter Ferndorf und Hilchenbach;

3) der des Johannlands (johld.) im Osten und Südosten, umfassend das Amt Netphen und Teile des Amtes Wilnsdorf;

4) der von Stadt Siegen in der Mitte des Landes, umfassend die Stadt Siegen, die Aemter Weidenau und Eiserfeld, sowie den Rest des Amtes Wilnsdorf.

Zieht man nur den Vocalismus in Betracht, so lassen sich diese vier Unterdialekte wieder in zwei Gruppen zusammenfassen. Die beiden erstgenannten haben gegenüber den beiden andern eine sehr starke Neigung zu den dumpfen Lauten *ö*, *ü* und *eu*, während die beiden herrschenden Idiome eine ausgesprochene Abneigung gegen diese Laute zeigen und dieselben durch die hellern *e*, *i* und *ai* ersetzen. Auch entwickelt das Idiom von Freudenberg wie das von Ferndorf ursprüngliches *au*, wo es hd. allgemein monophthongirt wird, zu *äu* (Umlaut *äu*), wo sonst im Siegenschen *ou* (Umlaut *öu*) steht.

Der freudenberger unterscheidet sich dann vom ferndorfer Dialekt wiederum durch Festhalten des ripuarischen *ê* und *ô* für germ. *ai* und *au* auch in den Fällen, wo diese Diphthonge sonst hochdeutsch nicht monophthongirt sind, und wo auch das Ferndorfische die alten Zweilauter, wenn auch etwas verengt, erhalten hat.

Der Dialekt des Johannlands unterscheidet sich von dem der Stadt hauptsächlich durch eine Neigung zu breiter Aussprache der Vocale und eine Bevorzugung offener Selbstlauter, Erscheinungen, die in Siegen Stadt durch eine der nhd. Schriftsprache mehr angepasste, geschlossenere Aussprache ersetzt sind. Ferner ist in Teilen des Johannlands germ. *a* zu *o* gewandelt, in andern die südfrk. Diphthongirung von germ. *i* und *û* viel weiter entwickelt, als es sonst im Siegenschen der Fall ist.

Auf diese Unterschiede im Einzelnen werden wir bei den einzelnen Lauten zurückkommen, wobei sich auch zeigen wird, dass oft nicht nur die einer der oben gebildeten Gruppen angehörenden Dialekte gemeinsame Merkmale aufweisen, sondern auch ein Dialekt der einen mit einem Dialekt der andern Gruppe zusammengeht im Gegensatz zu den beiden andern Dialekten.

Als eine fünfte Unterabteilung der siegener Mundart könnte man endlich die Sprache des Freien Grundes, eines abgeschlossenen Gebirgskessels im Süden des Siegerlands, der das Gebiet der obern Heller, eines Nebenflusses der Sieg, umfasst, aufführen. Indessen ist die hier gesprochene Mundart unter dem Einfluss langjähriger saynischer Herrschaft derartig mit saynischen Sprachelementen versetzt worden, dass ihr westlicher Teil dem Siegenschen ganz entfremdet wurde. Im Osten hat die Sprache ihren siegener Charakter besser bewahrt, doch ist im Ganzen die freiengründer Mundart für das Gesamtbild des siegener Dialekts von so geringer Wichtigkeit, dass wir sie hier gänzlich ausser Acht lassen dürfen.

Zu grunde liegt nun der vorliegenden Abhandlung die Mundart von Eisern, dem Heimatort des Verfassers. Dieses Dorf, in der Nähe alter Eisensteingruben gelegen, die ihm auch seinen Namen gegeben haben, bildet etwa die Grenze zwischen dem Dialekt der Stadt und dem des Johannlands im Tal der Eisern, eines kleinen Zuflusses der Sieg im Süden des Siegerlands. Der eiserner Dialekt vereinigt daher viele Eigentümlichkeiten der genannten herrschenden Idiome des siegerländer Sprachgebiets. Er dürfte deshalb zum Haupttypus des siegerländer Dialekts, neben dem freilich die andern nicht vernachlässigt werden dürfen, im hervorragendem Masse geeignet sein. Mag auch in Eisern der nass.-sdfrk. Einfluss stärker gewesen sein als in der Stadt, so hat doch in dem ländlichen Dialekt wieder die Schriftsprache bei weitem nicht in dem Masse ihre alles Charakteristische verwischenden Einwirkungen ausüben können.

In der Schreibung der Beispiele, die sehr zahlreich, und wo es anging, siegener Idiotismen sind, wurde möglichst nach phonetischen Principien verfahren. Es wurde daher der irrationale Vocal der Endungen stets durch ə, dementsprechend Liquida und Nasalis sonans durch ḷ, ṛ, resp. ṃ, ṇ bezeichnet. Die weichen Spiranten b und ð, welche im Sg. mit w resp. r zusammengefallen sind, werden, wie diese Laute, durch v resp. r vertreten; sch erscheint stets als š, hartes ss als z resp. zz. ŋ ist der gutturale Nasal; g, k, j, ch als Palatalen entsprechen γ, q, j̃, χ als Velares. Bei den Muten wurde in betreff der Verteilung von Media und Tenuis eine rein lautliche Schreibung angestrebt, die im An- und Inlaut meistens Media, im Auslaut gewöhnlich Tenuis ergab, welch letztere in der Aussprache allerdings wie in der Schriftsprache Tenuis aspirata ist.

Die siegerländer Mundart weist nun folgende Vocale auf:

1. Kurze Vocale:

a; ä (offener ä-Laut); ë (offener e-Laut); ẹ (geschlossener e-Laut); i; ọ (offener o-Laut); ọ (geschlossener o-Laut); u; ə.

Ausserdem haben die Dialekte von Freudenberg und Ferndorf noch ö und ü.

II. Lange Vocale:

á; *ä̀* (offener langer *ä*-Laut); * æ̀* (offener langer *e*-Laut); *é* (geschlossener langer *e*-Laut); *i*; *å̀* (offener langer *o*-Laut); *ó* (geschlossener langer *o*-Laut); *ú*.

Dazu kommen noch frdbg. fdf. *ǒ* und *ǔ*.

III. Diphthonge:

1) Echte: *ai; au;*

2) Unechte: *äi; ëə; ęə; íə; ë̂i̢; ǫə; ȍə; ǫy.*

Ausserdem noch frdbg. fdf. *üə* und *ü̂ə*. Nur vor altem *r* kommen gemsg. noch *æ̂ə, iə, å̀ə, üə* vor.

Die einzelnen germanischen Vocale im siegerländer Dialekt.

I. Die Vocale der Stammsilben.

Das germ. a.

Das germ. *a*, idg. *a* und *o* entsprechend, blieb im Sg. wie sonst im Md. und auch im Nhd. lautgesetzlich erhalten in geschlossener Silbe und hat hier noch ziemlich die Verbreitung wie im Ahd. Ueber einige Ausnahmen s. u. (vgl. Weinhold, mhd. Gr.[1] §§ 20—24; kl. mhd. Gr.[2] § 18. Braune, ahd. Gr.[2] § 25. Paul, mhd. Gr.[2] § 18. Behaghel, P. G. i, 3, pg. 558).

Beispiele:

baddə „nützen“ wie mrhein. hess. ww. *batten*, auch schwäb. so; md. *baten* (Schade[2] i, 43.).

bass in *bass gȃerə* „acht geben“ zu nhd. *aufpassen*, das aus ndl. *passen* stammen soll (Kluge[4] 256).

brast „Sorge“, „Kummer“, enthält vielleicht eine sehr alte Wurzel. Es entspricht wahrscheinlich das got. *rratôn* „reisen“ an. *rata* dass., wozu *rati* „Besessener“ d. h. „der ruhelos umher Getriebene“, vgl. Schade[2] ii, 1203. Zu der letzten Bedeutung passt die sg. sehr wohl.

abch „Hanswurst“, eigtl. „einer der alles verkehrt anstellt“ zu ahd. *abuh, abah,* as. *abuh.* Zu demselben Stamme gehören *äbš* „verkehrt“ und *ärich* „verkehrt“, beide mit Umlaut bewirkenden Suffixen vgl. Hz. pg. 69.

dabbr „kräftig entwickelt“, „stramm“ ahd. *taphar.* Der Bedeutung des sg. Wortes kommen am nächsten mnd. *dapper* engl. *dapper*, vgl. Kluge[4] 351; Schade[2] ii, 923. Hz. pg. 106.

affə ahd. *affo.*

baqqə m. ahd. *baccho* und *bahho.*

haqql in der Redensart „*off dr h. dräe*" „huckepack tragen".
Zu diesem hucke liegt wohl in dem sg. Wort die Hochstufe
vor. Das *l* = Suffix ist dasselbe wie in sg. *boqql*.

saχə ahd. *sahha*, got. *sakjô*.

qann „Kanne" ahd. *channa*.

šmant „Rahm", auch hess. Vilm 359 vorkommend wie livld.
und nd. (Kluge⁴ 308.) stellt sich zu mhd. *smant*, das slav.
Lehnwort zu sein scheint. *šměnn* „abrahmen". Ohne Nasal
ist gebildet *šmaddrrich* „weich", wozu sich das dial. (schles.
böhm. östr.) *schmetten* stellt, das wohl auch im sg. *šmäddrlin*
vorliegt, cf. engl. *butterfly*, dtsch. Buttervogel, Molkendieb.

ranzə, gew. *áranzə* „scheltend anfahren" gehört wohl trotz
Kluge⁴ 271, der es von ranken ableitet, zu mhd. *rans* „Maul"
(Schade² II. 700), vgl. das nhd. *anschnauzen*. *s* ist nach *n*
zu *z* geworden; vgl. *gəhanzdåχ* „Johannistag".

ravgə zeigt sg. eine merkwürdige Bedeutungsentwicklung. Es
gehört zu mhd. *ranc* „schnelle drehende Bewegung" (cf. nhd.
verrenken), ebenso zu nhd. *Ranke*. Aus der Bedeutung des
mhd. Wortes entwickelt sich nun sg. der Sinn: „Scheibe
Brot", indem man diese in der Weise abschneidet, dass man
mit dem Messer um den Laib rund herum fährt. Die Deutung
wird bestätigt durch das Compositum *rɛmmravgə* „volle Ranke",
die man rund herum abschneidet. Auffällig bleibt nur, dass
das *wr*, welches, wie ahd. *wrank* zeigt, vorhanden war, hier
sg nicht durch *br* sondern durch *r* vertreten ist; vielleicht
deutet das auf spätere Entlehnung.

šank „Schrank" trennt schon Hz. pg. 60 richtig von mhd.
schrank. Das Wort findet sich auch hess. (Vilm. 341) und
bayr. (Schmeller III, 372) und entspricht mhd. *schanc*, ahd.
scanc. Davon Schänke, Schankwirt.

lant ahd. *lant*, got. *land* sowohl = *terra* als auch = *ager*; in
ersterer Bedeutung lautet der Plur. *lěnnr*, in letzterer *lannr*,
was wohl secundäre Bildung ist. vgl. die Flexionen.

glamm „eng anschliessend", dann auch „feucht", cf. engl. *clam*,
clammy, nd. *klam*, mhd. *klam* „Beengung". vgl. Hz. pg. 100.

faln ahd. *fallan*.

qalf ahd. *chalb*, got. fem. *kalbô*.

Uebereinstimmend mit dem Nd., dem Md. und der nhd.

Schriftsprache wird im Sg. *a* in offener Silbe gedehnt. Die Dehnung tritt auch immer ein in einsilbigen Wörtern, wenn einfacher Consonant folgt. Als Dehnungsvocal erhalten wir ein reines *â*, durch welches sich die siegensche Mundart besonders vom benachbarten Hessischen unterscheidet, das hier einen offenen langen *o*-Laut. ein *âo*, zeigt.

Beispiele.

rât ahd. *rad*.

vâs „Tante“, „Base“ ahd. *basa*, amd. *wasa*, nmd. *wase*.

šdârə „Bett eines Baches“ mit einer kleinen Bedeutungsverschiebung zu ahd. *stado*, got. *staþs* „Gestade.“ Vilm 394.

mâz (*z* = *ss*) „gar“, „weich“, geniessbar“, gebildet von der Wurzel *mat-*, die vorliegt in mhd., ahd. *maz* „Speise“, got. *mats*, dazu *matjan*, an. *mata* cf. Schade² I, 597.

brâs f. „[losgehacktes Stück] Rasen“, hess. *frasen* aus mhd. *wrase*, nmd. *wrase*, *brasen*, auch fem. *brase* cf. Schade² II, 1202. Heinz. Wb. 34.

râv f. „Rabe“ ahd. *rabo*.

qâr „Hülse des Hafers“ zu mhd. *kaf* „Getreidehülse“, agls. *ceaf*. Die Tiefstufe dazu liegt vor im ahd. *chëra* „Hülse“, „Schote“, cf. Schade² I, 479.

grâf „Grab“ ahd. *grab*.

âf ahd. *aba*, got. *af*.

frâqich „auffällig ausgelassen“ geht zurück auf einen Stamm *frak-*, von dem vielleicht der in sg. *frêch*, *fröχ*, ahd. *frëh*, got. (*faihu*)- *friks* vorliegende St. *frik-* die Schwächung darstellt. Die letztere liegt dann auch wohl vor in sg. *frickl* „ausgelassenes junges Mädchen“, „Backfisch“, wozu noch afrz. *frique* „munter“, wie besonders dauph. *fricandela* „lebhaftes Mädchen“ zu vergleichen sind. cf. Schade² I, 222.

šâqə „mit den Beinen ausgreifen“. „treten“ zu asächs. *scacan* „sich entfernen“, „entfliehen“, agls. *scacan*, *scäcan* „wegstürzen“, engl. *shake*. cf. Schade² II, 773.

mâ „Mann“ ahd. *man*, got. *manna*.

hâlə „halten“ ahd. *haltan*, got. *haldan*. Hier scheint sich sehr früh das *d* dem *l* assimilirt zu haben und die Doppelconsonanz vereinfacht worden zu sein. So trat *a* in offene Silbe und wurde gedehnt, vgl. sg. sing. *qalt* zu plur. dat. *qâlə*.

In striktem Gegensatz zum nhd. schriftsprachlichen Gebrauch haben wir im Sg. immer Dehnung vor einfachem *m:*

hámļ „Hammel" ahd. *hamal.*

hámə „Kummet", auch sonst rip. vorkommend als *hamen,* ndl. *haam,* westf. *ham,* engl. *hame,* stellt sich vielleicht zu ahd. *hamo,* mhd. *hame, ham* „Angelhaken". Die Grundbedeutung wäre dann die des Gebogenen und Beziehung zum lat. *hámus* anzunehmen. Ueber die zu grunde liegende idg. Wurzel vgl. Schade[2] 1, 369; Kluge[4] 129: 139; 194.

hámr „Hammer" ahd. *hamar,* mhd. *hamer.*

qámr. ahd. *chamara,* ein roman. Lehnwort.

zəsámə „zusammen" ahd. *zisamane.*

lám „lahm" mhd. ahd. *lam.* agls. *lama.* Hier hat auch das Nhd. Dehnung.

Die Differenzirung einer Wurzel nach zwei verschiedenen Bedeutungen durch verschiedene Behandlung des — *am* — haben wir in sg. *amm* (gew. *héəramm* „Hebamme"), „Amme" und *ámə* „Grossmutter". Letztere Bedeutung zeigt der Stamm auch in an. *amma,* occit. *ama.* Die Bedeutung „Mutter" haben span. *ama,* gael. *am,* bask. *amma,* albanes. *'έμμι,* esthn. *emma.* Beide Bedeutungen „Amme" und „Mutter" haben mhd. *amme,* ahd. *amma.* (Schade[2] I, 14.). Zu grunde liegt wohl eine Wurzel *am* „säugen". Die Bedeutung „Grossmutter" ist dann eine erst sekundär aus „Mutter" entstandene.

Für ursprüngliches *mb* tritt auch sg. stets *mm,* nie einfaches *m* mit gedehntem Vocal ein:

qamm ahd. *chamb,* agls. *comb.*

šramm ahd. *swamb.* [got. *swamms*].

lamm ahd. *lamb,* got. *lamb.*

klammr an. *klǫmbr,* engl. *clamp,* ndl. *klamp.* Vgl. noch nhd. dial. Formen wie bair. *klamper,* kärnthn. *klampfer* und nhd. *Klempner,* s. Kluge[4] 172.

Vor *r* + Consonant, wo die nhd. Schriftsprache, besonders vor *r* + Dental, (vgl. Behaghel PG. I, 3, pg. 559.) oft Schwanken der Quantität zeigt, hat das Siegensche fast durchgängig ursprüngliches *a* gedehnt. Es ist dies wohl mit Heinzerling (pg. 14) darauf zurückzuführen, dass auch im Fränkischen, wenn wir auch hier nicht, wie obd., den Vocal geschrieben finden, in der Aussprache zwischen dem *r* und dem folgenden Consonanten ein Vocal sich gebildet hatte, wodurch das vorhergehende *a* gewissermassen in offene Silbe zu stehn kam. (vgl. Braune, ahd. Gr.[2] §§ 69. 65.). Deutlich ist diese Entwicklung noch in sg. *ârich* „arg" zu mhd. *arc*, ahd. *arg, arag*. cf. Schade[2] 1, 26.

Beispiele:

rârdǝ „warten" ahd. *wartên*.
γârdǝ „Garten" ahd. *garto*, got. *garda* und *gards*, engl. *yard*.
bârt ahd. *bart*, ndl. *baard*.
qârst „Karst", „bidens" zu mhd. *karst*, ahd. as. *carst*. Dazu *qârsdich* „geizig". Es ist dies eine volksetymologische Uebertragung des Wortes auf die Wurzel *kar-*, welche vorliegt in mhd. *kare* „sparsam", ahd. *charag* „traurig", auch got. *karôn*, ahd. *charôn*, mhd. *karn* „sich kümmern", „trauern". Dazu kommt noch engl. *chary* „sparsam", *care* „Sorge", agls. *čearig* „traurig". Die Grundbedeutung ist wohl „Sorge", d. i. auf die materiellen Dinge übertragen „Sparsamkeit", „Geiz". Es bezeichnet daher sg. *qârst* auch einen Geizigen; davon das Verbum *qârsdǝ* „kargen". Zu derselben Wurzel *kar-* gehört auch das von Heinzerling (pg. 14) citirte *qârmǝ* „sich über Armut beklagen", davon subst. *qârmr*.

rârzl̥ „Warze" entspricht der Bedeutung nach mhd. *warze*, ahd. *warza*. Die Bildung ist dagegen wohl dieselbe wie die von mhd. *wurzel*, ahd. *wurzala*. Es liegt nämlich ein Compositum vor, dessen zweiter Teil das got. *walus* „Stab", agls. *walu* „Schwiele", „Knoten" ist. Das erweist für mhd. *wurzel* das agls. entsprechende *wyrtwalu*; vgl. noch *morhala* aus *morhwalu* und *geisala* aus *geis-walu*. Aber auch der erste Teil der beiden Composita *wurzel* und *rârzl̥* geht wohl auf dieselbe idg. Wurzel zurück. Es ist wohl die Wurzel *urd-* „wachsen", von der in *wurzel* die Tiefstufe *urd-* und in *rârzl̥* aus *warzel* die Hochstufe *urd-* vorliegt. Zu der letztern vgl. noch lat. *radix*, gr. ῥόδον, äol. βρόδον aus them. *Jrodor; ferner auch engl. *wart*, nd. *warte, wärte*. Daneben steht ein Stamm ohne Schluss-Dental, der vorliegt in sg. *rarr* „Gerstenkorn" (am Auge), agls. *wearre* „Schwiele"; vgl. lat. *verrûca*.

18

árešt „Arbeit" mhd. *arbeit*, ahd. *arabeit*.

šärrə „in Stücke zerschneiden", z. B. *môs šärrə* „Kraut ein-schneiden", wie bair. *scharben*, zu mhd. *scharben*, ahd. *scarbón*, cf. Schade² II. 780. Dazu sg. *širrl* „Scherbe". (siehe pg. 34).

hár „Schneide eines scharfen Instruments", davon *hárn* „eine Sense dengeln" gehört zu einem Stamm, der noch vorliegt in mhd. *here*, nhd. *herb*, und der auch enthalten ist in as. *harm*, ahd. *haram*.

márk „Mark", „medulla" mhd. *marc*, ahd. *marag*, *marg*.

šdárk „stark" mhd. *starc*, ahd. *stare*, obd. *starah*.

bárch „verschnittenes Schwein" mhd. *barc*, ahd. *barh* und *barug*, agls. *bearg*, ndl. *barg*.

Die ursprüngliche Kürze ist vor *r* + Consonant sg. erhalten nur in

hart „hart" ahd. *harti*, *hart*, got. *hardus*, und in

harfl „Bindfaden", „Seil", das wohl gebildet ist von ahd. *haru*, *haro*, mhd. *hare*, *har* „Flachs" mit einem *l*-Suffix, das auch vorliegt in sg. *bönnl* „Bindfaden" von *bəənnə* „binden", ferner in *reckl* „Wickel", *vęnsl* „Strohseil" von *rəənnə* „winden" etc.

Zeigt so das Sg. im Allgemeinen das starke Bestreben, germ. *a* sowohl in der Kürze als in der Dehnung als reinen *a*-Laut zu erhalten, so macht sich andrerseits im Osten des Sieger-lands, vielleicht unter nassauisch-wittgensteinschem Einfluss, die Neigung geltend, germ. *a* nach *o* hin zu entwickeln. Weniger fällt das auf in dem Dialekt von Eisern, wo eben erst die Neigung emporkeimt, vor *r* das aus *a* gedehnte *â* in *aô*, langen offenen *o*-Laut, übergehn zu lassen, so dass neben *šdárk* ein *šdaôərk*, neben *γárdə* ein *γaôərdə* zu treten beginnt. Viel weiter geht die Vorliebe für *o* im eigentlichen Johannland, wo vor *l* und *n*, vor welchen Lauten ja auch die nhd. Schrift-sprache oft *a* zu *o* gewandelt hat (cf. Weinhold, mhd. Gr. § 20.), unverlängertes *a* stets in *o* übergeht. Wir erhalten also hier *oll* „alle", *lou* „lange", *ronnrn* „wandern", *onnrs* „anders" *gəγouə* „gegangen" u. s. f.

Der Umlaut des *a* findet schon sehr früh in den Literatur-

denkmälern seine Bezeichnung: wir können seine Entwicklung
schon vom 8. Jahrhundert ab verfolgen. (Weinhold, mhd. Gr.¹
§ 27; kl. mhd. Gr.² § 9. Braune, ahd. Gr.² § 27. Paul. mhd.
Gr.² § 40.) Am frühesten zeigt er sich im Bairischen; von da
aus verbreitet sich die Erscheinung nach Norden hin, erfasst
die md. Dialekte und schliesslich auch das Nd.

Hervorgerufen wird der Umlaut durch ein suffigirtes *i* oder
j. Sein Wesen besteht darin, dass dieser *i*-Laut den vorhergehenden Consonanten palatalisirt oder mouillirt, und diese
Mouillirung auch auf das *a* der Stammsilbe sich ausdehnt.
(Vgl. Sievers in P. G. I, 2, pg. 283.) Gleichzeitig aber sucht der
Umlaut bewirkende Vocal den umgelauteten seiner Articulationsstufe zu nähern, daher „sind die Umlautvocale stets tonhöher
als die ihnen zu Grunde liegenden Vocale“ (Weinhold, kl. mhd.
Gr. § 9). Es ist daher nicht richtig, wenn Sievers (P. G. I, 2,
pg. 296) behauptet, der *i*-Umlaut bestehe in der Regel in einer
Verschiebung gutturaler Vocale zu Palatalen, seltener in einer
Hebung der Zunge. Beim Umlaut tritt immer zugleich mit
der Palatalisirung des Vocals auch die Hebung der Zunge ein.
Wir haben daher in dem Umlaut-*ę*, das uns die ahd. Literaturdenkmäler als Umlaut von *a* bieten, nicht einen offenen, dem
a gleich articulirten sondern einen geschlossenen, in der Ton-
stufe dem *i* nahestehenden *e*-Laut vor uns, und gerade dadurch
ist das Umlaut-*ę* unterschieden von dem germ. *ë*. (Franck, Z.
f. d. A. XXV, pg. 218; Luick, P. B. B. XI, pg. 492. Kauffmann,
Gesch. der schwäb. Mundart. Strassbg. 1890, pg. 50 ff.) (vgl. die
Behandlung des germ. *ë*.)

Nachdem nun, meist schon in ahd. Zeit, das *i* und *j* der
Suffixe durch stummes *e* resp. den irrationalen Vocal ersetzt
war, war damit auch die Veranlassung der Palatalisirung verschwunden. Die vorhergehenden Consonanten werden daher
ihres palatalen Charakters beraubt, und ihnen die alte Articulation wiedergegeben. Dadurch wird aber dann schon früh
auch ein Zurückgehn des Umlauts bewirkt, indem der Umlautvocal von seiner hohen Articulationsstufe allmählich herabsinkt.
In dieser rückwärtigen Bewegung trifft nun das Umlaut-*ę* im
13. Jahrhundert schon mit dem germ. *ë*, von dem es vorher
streng geschieden war, das aber seinerseits seinen alten Lautwert, offenes *e*, streng bewahrt hatte, zusammen. Das beweisen

2*

uns Reime der Denkmäler dieser Zeit, die ohne Scheu *ę* und *ë* auf einander binden. (Weinhold. mhd. Gr.[1] § 41.)

In der nhd. Schriftsprache gilt dieser Zusammenfall von *ę* und *ë* im ganzen noch heute, wozu wohl die gleichmässige Bezeichnung durch *e* nicht am wenigsten beigetragen hat. Ganz anders ist es in den ungeschriebenen Dialekten. Hier hinderte nichts, das *ę* noch weiter in der Tonhöhe sinken zu lassen und es noch mehr dem *a*, aus dem es hervorgegangen war, wieder zu nähern. Und wie die nördlichsten Dialekte dem Umlaut am längsten Widerstand geleistet hatten, so waren sie jetzt auch am schnellsten bereit, den zurückgehenden Umlaut dem *a* wieder möglichst nahe zu bringen. So ist denn heute im Obd. zwar meist noch geschlossenes *ę*, im Md., besonders aber im Nd., meistens offener *ë*-Laut der lautgesetzliche Vertreter von umgelautetem *a*. vgl. Heinz pg. 15.

Einzelne, hauptsächlich nd. Mundarten gehn nun in der Rückassimilation des Umlauts an das *a* noch weiter und weisen als Vertreter des umgelauteten *a* einen zwischen offenem *ë* und *a* liegenden Laut, ein offenes *ä*, auf. Diesen Vocal, den wir mit *ä* bezeichnen, bietet uns das Sg. als lautgesetzliche Vertretung. Wenn nun im Dialekt der Stadt für dieses offene *ä* ein geschlossener Laut, offenes *ë*, eintritt, so sehn wir darin lediglich schriftsprachlichen Einfluss, nicht aber eine ursprüngliche Verschiedenheit von den ländlichen Dialekten. Dass diese aber ihr *ä* nicht fremdem Einfluss verdanken, dafür bürgt dessen gleichmässiges Vorkommen an der nassauisch-wittgensteinschen wie an der westfälischen Grenze. Scharf scheidet sich so das Sg. besonders vom Hessisch-Nassauischen, das überall einen viel geschlossenern Vocal aufweist.

Beispiele:

ädda „Vater", auch sonst dialektisch vorkommend. Der Umlaut ist diminutiv, wie schwz. *ätti* zeigt; vgl. mhd. *atte*, ahd. *atto*, ferner lat. *atta*, gr. *'ἄττα*, aslav. *otici*.

rätzchə dimin. zu mhd. *ratze* aus ahd. *rato*. Dazu das Compos. *qoarätzchə* „Eichhörnchen" in dessen erstem Bestandteil wohl das sg. *qoa*, ahd. *kinwan* vorliegt.

räskə „das Wässerige in der geronnenen Milch" gebildet aus dem Stamm *wat-*, der vorliegt in agls. *wǽt*, got. *rato*, an.

ratn „Wasser" und Suffix -*isc*-. Von demselben Stamm mit
anderm Suffix ist gebildet *rätzich* „wässerig", von nicht
mehlreichen Kartoffeln und Kuchen aus solchen gebraucht,
vgl. Heinz. pg. 123 f.

äzzich „Essig" ahd. *ẹzzih*, eine merkwürdige Umstellung von
got. *akeit(s)*, lat. *acetum*.

äbbl „Aepfel". plur. zu *abbl* ahd. *apful*, nd. *appel*.

bläffs „einem eine Abfertigung zu teil werden lassen", „verblüffen". ist der Form nach Causativ zu nhd. dial. *blaffen*
„bellen". In nhd. *verblüffen* und ndl. *verbluffen* liegt die
tiefste Stufe der Wurzel vor, ebenso in sg. *blaffs*, Heinz. Wb-
27, westf. *blaffen* „bellen". Im Sg. hat also die Wurzelstufe
blaf- das Transitivum, *bluf*- das Intransitivum gebildet:
während es im Hd. umgekehrt war.

ärkr, bǫχärkr „die Frucht der Buche" wie md. nnd. *ẹcker* zu
agls. *aecern*, an. *akarn*, got. *akran* „Frucht". Vilm. 88.

cäcks ein Gebäck, „Semmel" mhd. *wẹcke*, ahd. *wẹggi*, an. *reggr*
Vielleicht liegt die unumgelautete Form vor in *ragg*, mhd-
wacke „Feldstein".

äcks „Ecke" ahd. *ẹkka*, as. *eggia*. Davon vb. *äcks* „ärgern",
„quälen", eigtl. wohl „in die Ecke oder Enge treiben", davon das Iterativum *ärtrn*. vgl. Heinz. pg. 93. Weinhold, Beitr-
zu einem schles. Wörterbuch 7 a.

mäcksz, ein specifisch sg. Wort, bezeichnet eine Art von Land-
streichern, doch mit festen Wohnsitzen, eine Specialität des
Siegerlands, die sich durch ein kleines Handelsgeschäft nur
nominell, in der Tat aber durch Betteln ernährt. Ueber
die Herkunft des Wortes ist viel gestritten worden. Gewöhnlich wird es von *mäkeln* „Handel treiben" abgeleitet (vgl.
Freiherr von Dörnberg, statist. Nachr. aus dem Kreise Siegen.
1860—65. Siegen 1865, pg. 19). Diese Ableitung hat sehr
viel Wahrscheinlichkeit. Dieses *mäkeln* scheint nämlich zu-
rückzugehn auf das ahd. *macho* „Händler", das noch vorliegt in den Compositen *huormacho, scalchmacho* (Schade [2]
1, 585. Graff II, 645.). Schon hier scheint das Wort eine ver-
ächtliche Bedeutung gehabt zu haben, die auch für das sg.
mäcksz sehr wohl passt. Dass sie nach dem Handel benannt
sind, dem entspricht der Umstand, dass sie sich selbst als
hannlsli „Handelsleute" bezeichnen. Ueber das Umlaut be-

wirkende Suffix-*əz* siehe die Besprechung der Suffixe. — vgl. Schmidt 107 u. XIII.

bäckl „kleines rundes Brot", dazu *šmatzbäckl* „Kuchen aus geriebenen Kartoffeln" cf. Heinz. pg. 101 f., Wb. 8. aus *baqqə* „backen", mhd. *bachen*.

In Siegen-Stadt haben wir, wie oben erwähnt, in all diesen Wörtern für *ä* ein *ē*, also *ēzzich, ēbbl, mēckəz* u. s. w.

Vor gedecktem Nasal hat im Allgemeinen nur der dem Westfälischen angrenzende ferndorfer Dialekt das offene *ä* bewahrt, während ausser dem städtischen Dialekt auch noch der des Johannlands und mit ihm der von Eisern das *ä* durch *ē* ersetzt haben. Wir haben also hier

kēmm plur. zu *qamm*;

lēmmchə, dimin. zu *lamm*;

šmēnn, šmēnnə vb. zu dem oben besprochenen *šmant* „Rahm";

hēnn, plur. zu *hant* „Hand":

ēngə „genau". „sorgfältig" adv. zu ahd. adv. *ango*. mhd. *ange* in der Bedeutung passend, der Form nach ahd. *angi* entsprechend.

Eine besondre Stellung nahmen im Ahd. gegenüber dem Umlaut des *a* die Lautgruppen *h, r* + Consonant, *l* + Consonant, wie auch Consonant + *w* ein. Diese Consonantenverbindungen hinderten nämlich in ahd. Zeit im Oberdeutschen den Umlaut. So in ahd. *lahhan* aus germ. *hlahjan*; *garawen, garwen* aus *garawjan*; obd. 2. Pers. Sing. Praes. Ind. von *haltan haltis*: Comp. *altiro* von *alt*; obd. *ahir*. Im Fränkischen dagegen trat der Umlaut zwar im Allgemeinen später, dafür aber auch überall ein. Frk. ist also *heltis, eltiro, ehir* für die entsprechenden obd. Formen mit *a*. Im 12. Jahrhundert werden dann die umlauthindernden Consonanten auch im Obd. überwunden, und der Umlaut tritt auf der ganzen Linie ein.

Im Sg. ist im Ganzen umgelautetes *a* vor *h* resp. *ch* und *l* + Consonant genau so behandelt wie vor den meisten andern Consonanten. Wir haben also meistens auch hier offenes *ä*, wie es zu erwarten war:

dächr plur. zu *daχ*;

rächtr nom. agentis zu *raχə*;

šrächr compar. zu *šraχ*;

välzə „wälzen" ahd. *wę̆lzen*;

hält 3. Pers. Sg. Ind. Praes. zu *hälə* „halten";

gəbälk „Gebälk" zu *balkə* „Balken";

gälbə „Gefäss für Flüssigkeiten" mit anderm Suffix doch desselben Stammes wie mhd. *gę̆lte*, ahd. *gę̆llita*. Das sg. Wort
verbietet vielleicht Entlehnung aus lat. *galeta* anzunehmen.
(Kluge[1] 109.). Wegen des Suffixwechsels vergl. uhd. *kietze*,
sg. *kęszə* zu nhd. *kiepe* Kluge[4] 169.

hälm „Beilstiel" entsprechend seltenem mhd. *hę̆lm*, *halm* „Hand-
habe", das vorliegt in ahd. *hę̆lmakis* „gestielte Axt", „bipennis"
und in nhd. *Hellebarde*, mhd. *hę̆lmbarte*, dessen zweiter Bestandteil das ahd. *parta*, mhd. *barte* „Streitaxt" ist. Kluge[4]
139; Schade[2] i, 387; 42. vgl. noch ahd. as. *halm*, griech.
καλάμη, skr. *kalamus* „Rohr."

däll f. „Vertiefung", „Beule an einem Blechgefäss" wie hess.
delle (Vilm. 69; Heinz. 107.) ist umgelautet aus mhd. ahd
tal, ndl. as. got. *dal*. Dem sg. Wort stehn am nächsten
engl. *dell* und got. *dalja* in *ibdalja* (Luc. 19, 37 bei Schade[2]
ii, 921). Dehnung des Stammvocals liegt vor in sg. *dál*
„Tal", das in Eigennamen auch als Femininum gebraucht
wird.

kväln „abkochen", Factitivum zu ahd. *quę̆llan*, aus *qualjan*.

Nur ganz vereinzelte Wörter zeigen Spuren einer beson-
dern Behandlung des Umlauts vor *l* + Consonant:

zę̆əln hat das ahd. *ę̆* beibehalten, doch *l* wieder gutturalisirt,
woher das nachschlagende *ə*, vgl. ahd. *zę̆llen*, agls. *tę̆llan* zu
ahd. *zala* „Zahl."

gəsëll „Geselle" ahd. *gisę̆llo* von ahd. *sal* abgeleitet.

In Siegen-Stadt haben diese Wörter natürlich alle gleichmässig *ë*.

Eine besondre Behandlung erleidet der Umlaut des *a*
im Sg. nur vor *r* + Consonant. Natürlich ist dabei abzusehn
von den zahlreichen Fällen, wo *a* vor *r* + Consonant Dehnung
erfährt und fast nie Umlaut eintritt. Aber auch da, wo *a* un-
gedehnt blieb, hat es im Siegenschen in den meisten Fällen
dem Umlaut getrotzt; z. B. in

šbarn „sperren" ahd. *spę̆rren* aus ahd. *sparro*.

blarn „schreien" mhd. *plę̆rren*.

zarn ahd. *zerren* aus *zarjan*, md. ist *zarren* bezeugt (Jeroschin's
Deutschordenschronik 18473 *zarrinde* bei Schade² II, 1230;
ebenda 20600 *zuzarren* bei Weinhold, mhd. Gr.¹ § 22). Das
Wort hat übrigens sg. nur die Bedeutung „vexare."

arjrn „ärgern" entspricht mhd. *argern*, ahd. *argerôn*, die neben
mhd. *ergern*, ahd. *ergerôn* stehn.

*qarl*ɔ „Kerl", auch „Geliebter" wie mhd. *karl*, ahd. *karal*.
Nd. ist *kerl*, agls. *ceorl*.

Diese treue Erhaltung des *a* vor *r*, die auch sonst ripuarisch häufig vorkommt, erklärt sich aus einer streng gutturalen
md.-nd. Articulation des *r*, die von einem palatalen *r* zu ver-
schieden war, als dass sie leicht zu demselben hätte übergehn
können. Wo aber die Macht der Analogie drängte, diesen
Uebergang doch vorzunehmen, da zeigt das mouillirte *r* gleich
eine so ausgesprochen palatale Färbung, dass wir in mhd. Zeit
hier neben *ę* sogar *i* als Umlautvocal erhalten. So haben die
sg. Urkunden *irben* (sg. Uk. 266), *hirbst* (301), *irbenn* (301), etc.

Im heutigen Sg. haben wir zwar kaum mehr dieses reine
palatale *i*, aber immerhin ein ihm nahestehendes *ę*, das als geschlossener e-Laut genau dem ahd. *ę* entspricht. cf. Weinhold,
mhd. Gr.¹ § 38.

hęrrɔst „Herbst" mhd. *hęrbest*, ahd. *hęrbist*. vgl. urk. *hirbst* (301).
errɔ „Erbe" mhd. *ęrbe*, ahd. *ęrbo*, got. *arbja*.
ęęrmdɔ „Wärme" mit anderm Suffix als ahd. *warmi*.
šęęrmɔ zu *šrarm*.
ęrn „Hausflur" lautlich genau entsprechend mhd. *ęrn*, *ęren*,
   ahd. *arin* „Fussboden", „Tenne", verwandt mit lat. *arca*
   cf. Heinz pg. 58; vgl. noch das nhd. dial. *Aehren* (Kluge⁴ 5).
dęrm, wie afris. *thęrm*, agls. *þearm* umgelautet, zu mhd. *darm*,
   ahd. *daram*.

In zwei Fällen hat sich vielleicht das volle *i* als Umlaut
von a erhalten, nämlich in
irlɔ „Erle" ahd. *ęrila* zu agls. *alor* und in
hirliz „Hornisse" zu dem mhd. *harliz* Schade² I, 273. Hier
kann allerdings *i* auch Wurzelschwächung zu *a* sein. cf. hess.
hirmese Vilm. 171.

In andern Fällen scheint das schriftsprachliche *ë* eingedrungen zu sein:

ẹrmṛ comp. zu *arm;*
lẹrchə mhd. *lẹrche* entlehnt aus lat. *larix.*

Auch die Behandlung der Dehnung des umgelauteten *a*
im sg. Dialekt ist nur geeignet, unsre Erklärung des Umlauts
zu rechtfertigen. Dabei ist wohl zu unterscheiden, ob die
Dehnung erst eintrat als der Umlaut schon vorhanden war,
oder aber erst nachträglich, durch sekundäre Ableitungssuffixe,
gedehntes *a* dem Umlaut verfiel.

Betrachten wir zunächst den ersten Fall. Hier muss die
Dehnung zu der Zeit eingetreten sein, als der Umlautvocal
des *a* geschlossenes *ẹ* war, denn als Dehnungsvocal muss sich
ê, geschlossener langer *e*-Laut, ergeben haben. Durch die Ver-
längerung erhielt nun dieser *ẹ*-Laut eine so grosse Festigkeit,
dass er, als das nicht gedehnte Umlaut-*ẹ* zu offenem *ë* herab-
sank, dieser Verschiebung und allen andern widerstehn und
sich bis heute als geschlossenes *ê* erhalten konnte.

Nicht in dem Masse hatten aber die dem *ê* folgenden,
durch das *i*-Suffix mouillirten Consonanten den ihnen aufge-
zwungenen palatalen Charakter zu bewahren vermocht. Nachdem das *i* des Suffixes geschwunden war, waren sie nach
einigem Zögern wieder zu ihrer ursprünglichen, natürlichen
Articulation zurückgekehrt. So folgten dem palatale Klangfarbe
tragenden *ê* Consonanten von vollständig verschiedenem Lautcharakter, und, um den so eintretenden schroffen Articulations-
übergang zu vermitteln, wurde hinter dem *ê* ein neutral arti-
culirter Laut eingeschoben. Dies aber konnte seiner Bestimmung nach nur der irrationale Vocal *ə* sein. Wir erhalten
demnach als Vertreter des gedehnten umgelauteten *a* im Sg.
ein *êə.*

Beispiele:
êəsl̥ „Esel“ ahd. *ẹsil,* got. *asilus.*
fêərṛ „Vetter“, „Onkel“ mhd. *vẹter,* ahd. *fẹtiro.*
hêərə „heben“ ahd. *hẹvan, hẹffan,* got. *haffan.*
gnêəvl̥ „Knüppel“, „Knebel“ ahd. *knẹbil.*
êəgl̥ "lästiger, widerlicher Mensch" gehört vielleicht zu ndl.
akelig, dem sg. *êəglich* genau entsprechen würde, sowie zu
engl. *ake, ache* cf. Kluge[4] 68 f.

ėʒl „Elle" mhd. *ęlle*, ahd. *ęlina*, got. *aleina*.

réʒln „wählen" ahd. *węllen* aus *waljan von *wala* „Wahl."

šwéʒrn „schwören" ahd. *swęrien*.

gʒwéʒn „gewöhnen" ahd. *giwennan*, got. *ranjan*.

War nun umgekehrt die Dehnung früher eingetreten als der durch spätere Ableitungssuffixe meist nur nach Analogie bewirkte Umlaut an das *a* herantrat, so bildete man nach der Analogie des ungedehnten *a* die Umlautvocale des gedehnten, also *ā* nach dem *ä* und *āē* nach dem *ē* (vor Nasal). Schon diese Analogiebildung erweist diesen Umlaut als einen sehr späten, wie denn auch in jedem Fall die Formen mit *á*, die als Grundlage der Umlautbildungen gedient haben, vorhanden sind. Zuweilen verzichtet auch die Sprache hier auf den Umlaut überhaupt.

Beispiele:

für *ǟ*: *hǟschə* dimin. zu *hás* ahd. *haso*; *šǟlchə* „Untertasse" dimin. zu *šál* ahd. *scala*; *hǟęrn* „von Hafer" (z. B. Kuchen, Mehl) zu *hárę* ahd. *habaro*;

für *āē*: *hāēmȓchə* dimin. zu *hámȓ* ahd. *hamar*; *hāēnchə* dimin. zu *há* „Hahn" ahd. *hano*;

für *á* (kein Umlaut): *glásȓ* plur. von *glás* ahd. *glas*; *rárȓ* „Räder" plur. zu *rát* ahd. *rad*; *blárȓ* plur. zu *blát* ahd. *blat*.

In Siegen-Stadt steht hier überall gleichmässig *āē*: *hāēsche*; *hāēmȓchə*; *glāēsȓ*. Es ist das wohl schriftsprachlicher Einfluss.

Vor *r* + Consonant, wo, wie oben gezeigt, Dehnung des *a* im Sg. sehr häufig ist, bleibt das *á* vor dem Umlaut geschützt. Ganz besonders zeigt sich das vor *r* + *w*.

fárkļ „Ferkel" ahd. *farheli*;

fárrə „färben" mhd. *ręrwen*, ahd. *farawén*;

gárrə „gerben" mhd. *gęrwen*, ahd. *garawén*;

árrʒ „Erbse" mhd. *arwiz*, ahd. *araweiz*.

Es bleiben noch einige besondre Eigentümlichkeiten der sg. Mundart, die sich auf *a* beziehen, zu erwähnen. Gemeinsam mit den übrigen ripuarischen und auch vielen andern md. Mundarten ist dem Sg. eine starke Abneigung gegen die Verdumpfung von *a* zu *o*, die ja auch in der uhd. Schriftsprache

vor *l* und *n* zuweilen eintritt. (Weinhold, mhd. Gr. [1] § 22).
So haben wir:

sall „soll“ ahd. *skal*, schon mhd. allgemein *sol;*

fä „von“ rhfk. nd. *ran*, mhd. *ron, rone*. ahd. *fona, fana.*

Niemals tritt im Sg. Verdumpfung ein beim Umlaut, da
ja ein *ö* im grössten Teil des Siegerlands überhaupt unmöglich wäre. Hier steht immer das regelrechte *ä*, städtisch *ë*:

häll „Hölle“ ahd. *hẹlla*, got. *halja;*

šäbbə „schöpfen“ mhd. ahd. *schẹpfen*, as. *skẹpian;*

šäffə (so in altem Sinn in *ortšäffə* „Ortsvorsteher“) mhd.
schẹffe, schẹpfe, urk. *scheffen* (sg. Uk. 302), ahd. *sceffin, scaffin*
wohl von ahd. *scaffan;*

läffl ahd. *lẹffil;*

läšə „löschen“ ahd. *lẹskan*, as. *lẹskian.*

Die Dehnung haben wir ausser in *šrẹ̄rn* (pg. 26) noch in
lẹ̄ve „Löwe“ mhd. *lẹwe*, ahd. *lẹ̄wo.*

Die sg. Vorliebe für reines *a* äussert sich ferner, wie im
Md. überhaupt (Weinhold, mhd. Gr. [1] § 22) im Ausbleiben des
Umlauts:

drabbə „Treppe“, schon im Mhd. stehn *trẹppe* und *trappe* neben
einander.

šmaqqə „schmecken“, schon mhd. ist das transitive und intran-
sitive Verbum vermengt, die im ahd. *smẹcchen* (activ) und
smacchēn (passiv) noch getrennt erscheinen.

frannrn, sẹch frannrn „sich verheiraten“, eigtl. „sich verändern“,
nur noch archaisch gebraucht, vgl. Weinh. a. a. O. *verandern*
Pass. K. 42, 85. *verandern* sg. Uk. 213. Vilm 11 f.

Ziemlich häufig ist daher im Sg. auch der von Grimm
fälschlich so genannte Rückumlaut bei Verben der I. schwachen
Conjugation im Praeteritum erhalten. So haben wir abweichend
von der nhd. Schriftsprache Rückumlaut in

šdaldə zu *šdäln* „stellen“ ahd. *stẹllan, staljan*, Praet. *stalta*,
mhd. *stẹllen*, Praet. *stalte*. Part. sg. *gəšdalt* mhd. *gestalt*, ahd.
gistalt(ẹr). cf. Weinhold, mhd. Gr. [1] § 367; kl. mhd. Gr. [2]
§ 121.

kraldə, Part. *gəkralt*, zu *kräln* (s. o.). Eine merkwürdige Parti-
cipialbildung ist sg. *gəkraldə* in *gəkraldənə dọffln* „Pellkar-
toffeln“, eigtl. „abgekochte Kartoffeln.“

saddə, Part. *gəsatt*, zu *sätzə* ahd. *sẹzzan*, got. *satjan*. vgl. das

mhd. Praet. *sazte* und *satte*, sowie urk. *rersatt* (sg. Uk. 261),
untentsatten (270), *rersast* (312), *rirsast* (313).

sradds. Part. *gsšratt*, zu *šrätzs* „schwatzen“ mhd. *swętzen*.

radds, gsratt von *rätzs* mhd. *wętzen*, Praet. *wazte*, ahd. *hwazzan*,
węzzen, agls. *hwętjan*.

sadds, gsšatt von *sätzs* mhd. *schętzen*. Anders gebildet sind
mhd. *schatzen*, ahd. *scazzón*.

Andrerseits haben wir ein paar Fälle zu besprechen, wo
das Sg. abweichend von den meisten hd. Mundarten das *a* umgelautet hat. Es ist da zunächst der eigentümliche Umlaut vor
š, der sich nach Behaghel (P. G. I, 3, pg. 560) auch in ale-
maunischen sowie in westfälischen Dialekten (Soest, Ronsdorf)
findet. Auch im Ndl. kommt er vor. Umlautvocal ist natürlich *ä*, sg. st. *ë* cf. Heinz pg. 17. vgl. *frëš* (pg. 43).

fläšs „Flasche“ ahd. *flasca*, ndl. *flesch*.

räšs „waschen“ ahd. *wascan*.

däšs „Tasche“ ahd. *tasca*. Auch ein mhd. *tęsche* ist bezeugt.
cf. Schade² II, 923.

äšs „Asche“ ahd. *asca*; vgl. mhd. *ęsche* neben *asche*. Schade¹
1, 32.

š scheint selbst dann umlautend gewirkt zu haben, wenn
noch Consonanten zwischen ihm und dem *a* standen:

ǎš (*ǎ* nach Analogie von *ä*) „podex“ zu mhd. ahd. *ars*; vgl.
agls. *ears* und mnd. *ęrs* neben *ars*; sg. st. haben wir *ǎš*
wohl unter schriftsprachl. Einfluss.

hëuš (*ë* für *ä* vor Nasal) „Handschuh.“

Auch *ch* scheint in ähnlicher Weise Umlaut bewirkt zu
haben:

mënchr „mancher“ zu ahd. *manag*, vgl. ndl. *menig*.

nächt „Nacht“ ahd. *naht*, got. *nahts*, lat. *nox*; vgl. agls. *neaht*,
neht.

Das germ. o (ë).

Im Gotischen ist das germ. *ë* im Allgemeinen durch *i* vertreten; nur vor *r* und *h* ist der *e*-Laut erhalten, von Wulfila-
Jak. Grimm durch *ai* bezeichnet. Da nun ursprüngliches *i* vor
eben diesen Lauten zu *ai* gebrochen wurde, so fielen *i* und *ë*
im Gotischen völlig zusammen.

Grosse Einbusse erlitt das germ. *ë* auch im Westgermanischen. Hier wurde es zu *i* gewandelt, wenn in der folgenden
Silbe ein *i, j* oder ein gedeckter Nasal, meistens auch, wenn
ein *u* folgte. Das so entstandene westgerm. *i* ist völlig mit
dem germ. *i* zusammengefallen und mit diesem weiter unten
zu behandeln.

Andrerseits behandeln wir hier unter dem *ë* die germ. *i*,
welche durch ein folgendes *a* zu *ë* gebrochen wurden. (s.
pg. 33).

Zunächst nun ist das Verhältnis des *ë* zu dem Umlaut-*ę*
näher ins Auge zu fassen. Während wir sahen, dass das *ę*,
ursprünglich ein ganz geschlossener Laut, später allmählich sich
dem *a* näherte, blieb das *ë*, welches ursprünglich offen war,
im Lautwert unverändert und bewahrte denselben in den meisten
Dialekten bis auf den heutigen Tag. So erklärt sich am
leichtesten die Verschiedenheit des *ë* und des *ę* in ahd. Zeit
und das spätere Zusammentreffen beider Laute, als *ę* dem *a*
zustrebte. So erklärt sich endlich auch der Umstand, dass
nach dem Ausgleich des 13. Jahrhunderts die Entwicklung
beider Laute in den meisten Mundarten wieder getrennt vor
sich ging. (Weinhold, kl. mhd. Gr. [2] §§ 5; 22.)

Wir haben daher auch heute in sehr vielen Dialekten
völlige Trennung von *ë* und *ę*. (Behaghel P. G. ı, 3, pg. 561.)
Sind auch die einfachen Laute *ë* und *ę* vielfach nicht ausein-
ander gehalten, so sind sie wenigstens in der Dehnung diffe-
renzirt, da hier ausgleichende Tendenzen sich nicht so leicht
geltend machen konnten.

Auch im Sg. hat es Interesse, dass heutige Verhältnis von
ë zu *ę* näher ins Auge zu fassen. Auch hier sind beide Laute
auf dem ganzen Gebiet auseinandergehalten nur in der Dehnung: gedehntes *ę* gab *ê*, gedehntes *ë* gibt naturgemäss langen
offenen *e*-Laut, *œ̂*. Unverlängert ist dagegen *ë* im grössten
Teil des sg. Sprachgebiets mit *ę* zusammen gefallen. So
haben wir in Siegen-Stadt das schriftsprachl. ausgleichende *ë*,
in Ferndorf das offene *ä* für *ë* wie für *ę*. Nur im südöstl.
dem südfrk. Nassau benachbarten Johannland ist auch die einfache Kürze des *ë* von dem *ę* geschieden. Während wir hier
ę durch *ä* vertreten sahen, wurde hinter dem seinen offenen
Lautcharakter beibehaltenden *ë* ein Stimmvocal vor dem Con-

sonanten eingeschoben, den wir füglich wieder durch ə bezeichnen. Ahd. *brëhhan* erscheint also im Sg.: sg. st. als *brëchə*, fdf. als *brächə*, eis. joh. als *brëʒχə*.

Beispiele:

ȫt „es" mhd. *ëz*, ahd. *iz*, got. *ita*. Daneben die enclit. Form *ət*.

ȫzzə „essen" ahd. *ëzzan*, got. *itan*.

gëəstrn „gestern" ahd. *gëstaran*, got. *gistra-[dagis]*.

blëəz „Scheuerlappen" stimmt lautlich wohl zu ahd. *plëz*, unklar aber ist das Verhältniss zu got. *plats*. Ein ahd. **plëz*, umgelautet aus got. *plats*, müsste sg. joh. **bläz* lauten, auch wäre der ahd. Umlaut durch nichts begründet. cf. Vihn 303.

sȫpp „schief" stellt sich zu nhd. mundartl. Formen wie hess. *šëp* Vihn 344, schwäb. *šeps*, und lässt auf ein mhd. *schëp* schliessen. Kluge [4] 300.

rȫffə „schelten", „tadeln" zu mhd. *rëffen* neben *refsen* aus ahd. *rafsjan, rafsan*. Schade [7] II, 698.

blëəqq „bloss" zu mhd. *blëzen*, ahd. *plëchazzen* „blitzen", gr. φλέγω. Dazu auch sg. *blëʒχ* „Blech" ahd. *plëh*, schwed. *bleck*.

lëəqqə "lecken" ahd. *lëcchôn*.

sëəʒχ „Pflugmesser" ahd. *sëh*, Schade [2] II, 749; Kluge [4] 323. Davon *sechl* „Sichel" ahd. *sihhila* mit *i*-Suffix. vgl. lat. *secare*.

krëʒχə „gedörrtes Kartoffelstroh" entspr. dem nd. *quëcke*, ndl. *kweek*, agls. *cwice*.

fȫll ahd. *fël*, got. [*pruts*]-*fill*.

fȫlt „Feld" ahd. *fëld*, engl. *field*.

hëəlfə „helfen" ahd. *hëlfan*, got. *hilpan*.

bëərch „Berg" ahd. *bërg*.

šdȫrkə „junge Kuh, die noch nicht gekalbt hat", ein nd. Wort, wohl zu got. *staira* „unfruchtbar", lat. *sterilis* gehörend. Kluge [4] 338.

šdȫrvə „sterben" ahd. *stërban*.

nëəmmə „nehmen" mit nachträglich erst verdoppeltem *m*, da sonst *i*, sg. *e* hätte eintreten müssen, ahd. *nëman*, got. *niman*.

Die Dehnung des *ë* ergibt, wie bereits oben erwähnt, offenen langen e-Laut, *āē*, wobei vor echtem *r* sich ein Stimmvocal (ə) entwickelt. Heinz. pg. 18 f.

Beispiele:

brāēt „Brett" ahd. *brēt.*

bāērə „beten" ahd. *bëtôn,* got. **bidan.*

āērγn „etwas (bes. gehacktes Holz) in bestimmter Ordnung aufschichten", so dass ein „*āērγ*" entsteht, schon von Heinz. pg. 109 richtig zusammengebracht mit mhd. *ēter,* ahd. *ētar* „geflochtener Zaun", auch „umzäuntes Land", as. *ëdor,* an. *iaðarr,* langbd. *ider.* Schade² 1, 154.

lāēsə „lesen" ahd. *lësan,* got. *lisan.*

bāēsm „Besen" ahd. *bësamo.*

frāērḷn in der seltsamen verengten Bedeutung „Holz stehlen" zu mhd. *frevcln* von mhd. *rręrel,* ahd. *frarili.* Hier scheint Vertauschung von ë und ę vorzuliegen.

srāēvḷ „Schwefel" ahd. *swëral,* got. *sribls.*

lāērə „leben" ahd. *lëbén,* got. *liban.*

blāējə „pflegen" ahd. *pflëgan.*

blāēkə „schreien" ist wohl ein nd. Wort und entspricht genau nd. *bleken,* das dann *ē* haben muss. Davon nhd. *blöken.* Heinz. Wb. 23.

sdāēər „Widder" ahd. *stëro.*

āēər „Erde" ahd. *ërda,* got. *airþa.*

hāēərt „Herd" ahd. *hërd.*

rāēərn „währen" ahd. *wërén;* vgl. damit *réərn* ahd. *węren, węrian.*

zvāēərs „quer", „verkehrt", „querköpfig" mhd. *twërch,* ahd. *dwërah,* got. *þwairhs.* Dass übrigens in diesem Wort sg. *zw* aus mhd. *tw* gegenüber nhd. *qu* nicht charakteristisch ist für das Sg. zeigt sg. *krāts* „Zwetsche" cf. Kluge⁴ 403.

māēl „Mehl" ahd. *mëlo.*

rāē „Regen" ahd. *rëgan,* got. *rign;* vgl. engl. *rain.*

Vor r und h, die hier, ganz besonders wenn i oder e folgte, palatale Articulation gehabt haben müssen, scheint in mhd. Zeit *ë* in der Aussprache häufig zu i geneigt zu haben. Das beweisen urkundliche Schreibungen wie *Hirren* (245), *herbrige, hirbrige* neben *herberge* (266), *sicnt* (130; 131; 132; 140; 169; 211 etc.), *geschien, virtzienhundert, zienden, ziehenden, zinden* (Manger, die sg. Orte Wilnsdorf, Wilgersdorf und Rödgen. pg. 8 f.) *rumftzien* (sg. Uk. 268.). Weinhold, mhd. Gr.¹ § 113.

Durch unter Ausfall von *h* eingetretene Contraction sind
einige von diesen geschlossenen *e* als *ê* festgehalten worden.
Belege dieser Contraction haben schon die Urkunden, sofern
in den Schreibungen *seynt* (152: 188; 191). *seyn* (267; 333).
sein (285), *zeynden* (293) die ndfk. Schreibung von Diphthong
für langen Vocal vorliegt. (Behaghel: P. G. I, 3, pg. 565.) —
vgl. Weinhold. mhd. Gr.¹ § 68.² §§ 52. 53.

Hierher gehören:

sê „sehn" ahd. *sëhan*. got. *saikwan*; vgl. mdl. *sên, sin, sieu*
Schade² II, 749, ndl. *zien*.

gosê „gesehehn" ahd. *giscëhan*, mndl. *geschien*.

zê „zehn" ahd. *zëhan*. got. *taihun*, udl. *tien*, agls. *tŷn*.

Vor *r* hat sich für *ê* geschlossener *e*-Laut nirgends erhalten.
Hier ist im Gegenteil das *r* durch einen folgenden *a*- oder *o*-
Vokal guttural geworden, und diese Articulationsänderung
hat oft in der Weise auf das vorhergehende *ê* gewirkt, dass es
zu *a* gewandelt wurde. Das geschah in

harzə „Herz" ahd. *hërza*, got. *hairtó*. vgl. mklbg. *hart*. Daneben
schon das schriftsprachliche *hërzə*.

barsdə nur noch gebräuchlich in dem Ausdruck *bârstlüchə* „ein
Lachen, dass es zum Bersten ist." cf. agls. *berstan*, ndl.
bersten, dafür ahd. *brëstan*. Weinhold, mhd. Gr.¹ § 23.

harr „Herr" ist zwar schon fast allgemein durch das schriftliche *hërr* ersetzt, doch ist es noch fest in der bedauernden
Interjection *aö harr!* „o Herr!" Dass sich gerade hier
das alte *a* erhielt, erklärt sich einmal aus der Festigkeit
solcher Termini im Allgemeinen, dann aber auch aus einer
gewissen Scheu, den Namen Gottes mit *hërr* auszusprechen.
Aus demselben Bedürfnis erklären sich Verwünschungen wie
donnrlërr statt *donnrrörr*, *donnrsláy* statt *donnrsláy*, *harâr*
dr simml statt *bavâr dr himml*; vgl. auch das sächs. *Gott*
Strambach! „Gott straf mich!", sowie dialekt. *kriegst die*
Motten! = „Christi Martern!"

Das Lehnwort *pärt* „Pferd", mhd. *pfërt, pfërit* aus mlat.
pararetredas gehört dagegen wohl nicht hierher.

Aus einer analogiehaften Einwirkung des *i* der folgenden
Silbe erklärt sich das *e* in sg. *rélich* „welcher"? mhd. *wëlch*,
wëlich. vgl. das urk. *wilch* (187, 195, 260, 266, 310, 320, 332),

sowie obd. *welch* mit geschl. *e*-Laut, und auch obd. *fels*, ahd.
felis; cf. Behaghel in P. G. ı, 3, pg. 562. Weinhold, mhd. Gr.¹
§ 39.

Das germ. i.

Das germ. *i* erhielt bedeutenden Zuwachs an den *i*, die
vor *i* (*j*), gedecktem Nasal und *u* aus ursprünglichem *ë* entstanden und vollständig in die Reihen der idg. *i* eingerückt
sind. Andrerseits wurde es im Hd. in seinem Bestand dadurch
geschmälert, dass *i* bei *a* der folgenden Silbe zu *ë* gebrochen
wurde. (s. pg. 29).

Im Mnd. wurde *i* in offener Silbe zu *e* gesenkt. Diese
Erscheinung drang vom Nd. auch in das Md. und sogar in
obd. Mundarten, wie das Schwäbische. Ebenso verbreitete sie
sich auch von offener Silbe über geschlossene Silben. vgl.
Wülcker: „Betrachtungen auf dem Gebiete der Vocalschwächung
im Mbd., bes. im Hess. und Thür." Frankfurt a. M. 1868. Weinhold, mhd. Gr.¹ §§ 32. 33.; kl. mhd. Gr. § 25. Behaghel P. G. ı,
3, pg. 562.

Die sg. Urkunden haben zwar *i* meistens noch erhalten,
indessen sind auch die Senkungen des *i*-Lautes zu *e* schon sehr
zahlreich. So lesen wir *desen* (191, 260, 211), *weder, verzegen*
(191), *virvegin* (214), *innesegil* (211), *ingesegil* (212), *ingesegele*
(260, 263), *ingesegeln* (266), *besegilt* (212), *vorgeschrebin* (212),
seben (235), *medegabe* (266), *ere* (293), *burchfrede* (260). Zur
Zeit der Abfassung dieser Urkunden, zwischen 1250 und 1350,
mag die Schreibung *e* für *i* gerade in der Entwicklung begriffen gewesen sein. Das zeigen uns Schreibungen wie *widir-
rede* (195), *ingesiegel* (244), *ingesiegil* (245), *diesen* (250), die
keineswegs unserm nhd. gleichwertig sind, wie auch das Vorkommen von *i* und *e* in derselben Urkunde nebeneinander:
212: *desin, desir, dese, diser*; 28: *besegeln, ingesigeln*.

Heute ist die Senkung des *i* zu *e* im Sg. wie auch sonst
rip. mit wenigen Ausnahmen in offener wie in geschlossener
Silbe ganz allgemein durchgedrungen. Das Ripuarische, und
damit auch das Siegensche, gibt hier, wie noch öfter wieder,
ein Beispiel, dass es eine ursprünglich vom Nd. übernommene
Lauterscheinung viel mannigfaltiger entwickelt und viel besser

bewahrt hat als das Nd. selbst. Noch schärfer aber als
von dem Nd. scheidet sich das Sg. hier von dem angrenzenden südfrk. Nassauischen, welches das *i* in sehr zahlreichen
Fällen ungeschwächt erhalten hat. cf. Heinz. pg. 19 f.

Die Zahl der erhaltenen germ. *i* ist im Sg. sehr klein.
Wir haben es vor *r*, das damit wieder die schon beim *ë* be-
wiesene Vorliebe für palatalen Laut documentirt. Hierdurch
tritt der siegener Dialekt in strikten Gegensatz zum Gotischen,
wo ja *i* vor *r* gebrochen wird. Es ist daraus auf gänzlich
verschiedene Articulation des *r* zu schliessen.

Beispiele:

hirdə „Hirt" ahd. *hirti*, got *hairdeis*.

rirt „Wirt" ahd. *wirt*, as. *wërd*, got. *cairdus*.

hirš mhd. *hirz*, ahd. *hiruz*, agls. *heort*. Neben diesem gewöhnlichen *hirš* findet sich sg. die alte Form *hirz* wie auch hess.
und alemann. (Kluge⁴ 144) erhalten. Wir haben sie noch
in *gəhanzhirz* „Hirschkäfer", so genannt, weil er um Johanni,
gəhanzdáχ, zu fliegen pflegt. cf. Vilm. 171.

širrt „Scherbe", dann auch mit merkwürdiger volksetymolo-
gischer Uebertragung „Schädel", zu mhd. *schirbe* neben
schërbe, ahd. *scirbi*; vgl. des Suffixes wegen lett. *schkërpele*
„Holzspan". Kluge⁴ 299. Das Wort zeigt Schwächung des
Stammvocals von sg. *šárrə*. (s. pg. 18).

birkə „Birke" ahd. *birriha*, ndl. *berk*.

kirchə ahd. *chirihha* aus wallis. *cyrch*, *cylch* Schade² I, 491.

zvirn mhd. *zwirn* zu ahd. *zwirnên*.

hirn ahd. *hirni*.

kirn „Butterfass", dazu das vb. *kirn* „buttern", auch sonst in
nhd. Mundarten noch häufig (Heinz. pg. 58; Schmidt 79;
Vilm 199), vgl. oberpfälz. *kern* „Rahm". Dazu agls. *cirne*,
cyrne, ndl. *karn*, an. *kirna* „Butterfass", ferner agls. *cyrnan*,
engl. *to churn*, ndl. *karnen* „buttern", isländ. *kjarne* „Rahm".
Schade² II, 690; Kluge⁴ 167.

Unorganisch steht *i* in *kirrl!* „Kerbel", mhd. *körvele*, ahd.
körvola, wahrscheinlich entlehnt und entstellt aus lat. *caerifolium*.

Das Wittgensteinsche muss stark gutturales *r* gehabt haben,
denn wir haben hier wie hessisch stets Brechung des *i* vor *r*

(Heinz. pg. 27; Vilm pg. 200.) Solche Formen siud nun an der Ostgrenze auch ins Siegerland eingedrungen. So in hilehb. *kërchɔ*, wilnsdf. *hërdɔ.*

Stets tritt auch sg. Brechung ein vor *rr*, was wohl aus der grossen Intensität des Reibelauts zu erklären ist. Brechungsvocal ist *ẹ* mit nachgeschlagenem *ɔ*:
çɔrr „irre", ahd. *irri*, ngls. *yrre*, got. *airzeis.*
sẹch rẹɔrn aus *rẹɔrren* zu ahd. *wërran.*
geSẹɔrr „Geschirr" mhd. *geschirre*, ahd. *giscirri.*

Im Gegensatz zu *rr* haben *ll* und die geminirten Nasale, oft auch *l* und Nasal + Cons., zuweilen, doch nicht immer, die Fähigkeit *i* ungeschwächt zu erhalten. Diese Erscheinung ist in Eisern häufiger als in der Stadt, was wohl auf sdfrk. Einfluss beruht.
Sbillmá „Spielmann" zu ahd. *spilón*, eis. *Sbiln*, sg. st. *Sbẹln.*
bilt ahd. *bilidi*; sg. st. *bẹlt.*
himml, sg. st. *hẹmml*, ahd. *himil*, got. *himins.*
kinn, sg. st. *kẹnn*, ahd. *chinni.*
kinnchɔ dimin. zu *kẹnt, kẹɔnt* „Kind".
Srinn „schnell" mhd. *swinde*, got. *swinþs*, an. *svinnr.*
In weit zahlreichern Fällen steht jedoch auch in Eisern *ẹ*. Beispiele pgg. 37. 38.

Im Dialekt des Ferndorftals bleibt *i* auch erhalten vor *ṿ*, das sich hier aus *n* + Muta im Inlaut entwickelt:
siṿɔ „singen" ahd. *singan*, got. *siggvan.*
fiṿɔ „finden" ahd. *findan.*
kiṿr „Kinder", plur. zu ahd. *chind.*
Im Auslaut bleibt die Muta erhalten und tritt damit Senkung des *i* zu *ẹ* ein: *kẹnt, rẹnt* etc.

Vor allen übrigen Consonanten tritt sg. consequent die Senkung des *i* zu *ẹ* ein. Während nun in den übrigen sg. Mundarten dieses Senkungs-*ẹ* sich überall gleichmässig zeigt, bietet mit der johld. die Mundart von Eisern eine Entwicklung, die dadurch hochinteressant ist, weil sie uns vielleicht die ahd. Brechung des *i* zu *ë* erklären kann. Hier bleibt nämlich das Senkungs-*ẹ* unversehrt nur dann, wenn *i* oder *j* in der folgen-

den Silbe steht resp. gestanden hat. Stand dagegen hier ein
andrer, dumpfer Vocal, so übertrug sich dessen Klangfarbe auf
den vorhergehenden Consonanten, und dieser Vorgang findet
dadurch seinen Ausdruck, dass hinter dem palatalen *ę* ein
vermittelndes, neutrales *ə* eingeschoben wird. So erhalten wir
hier für *i* ein *ęə*, das wohl zu unterscheiden ist von dem für
ï eintretenden *ëə*. Dieser Unterschied tritt in der Aussprache
klar zu Tage in sg. *sęəlrr* „selbst" ahd. *sëlb*, got. *silba* und
sg. *sęəlrr* „Silber" ahd. *silbar*, got. *silubr*.

In dieser Lauterscheinung des Sg. haben wir wohl die
Anfänge einer neuen Brechung von *i* zu *ë* zu erblicken,
welche zwar weitere Grundbedingungen hat als jene erste
hochdeutsche Brechung aber trotzdem geeignet ist, uns einen
Blick in das Wesen derselben zu eröffnen. Ist dies richtig, so
haben wir in der nd. md. Senkung von *i* zu *ę* nichts als die
Vorstufe zu einem sich vorbereitenden zweiten grossen Uebertritt von germ. *i* zu *ë* vor uns. So wirken Lautgesetze noch
jahrhundertelang nach, wenn auch ihre Grundbedingungen
längst verschwunden sind.

Erläutern kann man das Verhältnis von *ę* zu *ęə* an eis.
męddə „Mitte, mhd. *mitte*, ahd. *mitti* gegenüber adj. *męəddə*
„mitten", „mitten befindlich" zu ahd. *in mittamen* von *mittamo*.
Ebenso *męsələ*, ahd. *mistina* „Düngerstätte" zu *męəst* ahd. *mist*,
got. *maihstus* „Dünger".

Beispiele für *ę*:

sętzə ahd. *sizzan*, as. *sittian*.

šmętzə, *sęch šmętzə* „sich mit Russ beschmieren", verengte Be-
deutung zu mhd. *smitzen*, ahd. *smizzen*, *smizjan*. Dazu *šmętz*
„Russflecken". Eine andre Stufe der Wurzel hat mhd. *smutz*,
(Wz. *smut-*). cf. hess. *schmitzlich*, Vilm. 359.

dęstl „Distel" ahd. *distila*.

dęšr „zwischen" aus ahd. *in zwiskén* von *zwiski*. Das Sg. hat
hier *t* nicht verschoben, wie auch die urk. Formen bezeugen,
die freilich oft *twi* zu *tu* gewandelt haben: *twischen* (sg. Uk.
28), *tusschen* (191), *tüschen* (229), *tuschen* (268) etc.

męssə „entbehren" mhd. ahd. *missen*, got. *missjan ist nicht
belegt.

rębbə zu ahd. *rippi* neben *rippa*.

šblẹckɔ „spalten“ (Heinz. pg. 75.), nass. *splicken* (Kehr. 384.) gehört offenbar zu dem Stamm von nhd. mhd. *splitter*, sg. *šblẹddr*, engl. *split*. Dazu als Hochstufe sg. *šblizzɔ*, Tiefstufe (*splt-*) sg. *šbálɔ*, cf. mhd. *splizen* und ahd. *spaltan*.

bẹckl „Salzbrühe“ ist ein ursprünglich nd. Wort. Es entspricht holl. *pekel* und engl. *pickle*, das uns geläufig ist in dem Namen des Hauswurstes der Schaubühne des 17. Jahrhunderts, *Pickelhering*. Davon nhd. *Pökel* cf. Kluge⁴ 265.

rẹckɔ (c. dat. pers., acc. rei) „im Stillen Jmd. etwas geweiht, gewünscht haben“, z. B. *ainm šlẹ̈i rẹckɔ* „jemand zu prügeln beabsichtigen“, stellt sich der Form nach zu nd. md. *wicken* „wahrsagen“, zaubern“, „praestigiari“, agls. *ricejan*, auch in Hessen bekannt (Vilm. 454), cf. Schade² ii, 1155; vgl. nd. *weerwikker*, „Wetterprophet“, *wikkroode* „Wünschelrute“. Das sg. Wort ist vielleicht geeignet mit seiner Bedeutung zwischen diesem nd. md. *wicken* und dem schon von Grimm (D. Myth.² pg. 986) dazu gestellten ahd. *wihan*, mhd. *wihen* (Part. *gewigen*), wozu *erwigen* „vornehmen“, „in Angriff nehmen“, zu vermitteln.

brẹnkl „kleine Talschlucht mit Quellen“ ist der Form nach dimin. zu nd. *brink* „grüner Hügel“, engl. *brink* „Uferrand“, schwed. *brink*, an. *brekka* „Abhang“. Vilm. 58.

mẹll „mild“ ahd. *milti*, got. *mildeis*.

šẹllin bedeutet sg. die Zwölfzahl in gewissen Verbindungen (*n š. air, n š. šanzɔ* u. ä.); ahd. *scilling*, got. *skilliggs* bedeuten wohl eigtl. „klingende Münze“. von *skẹ̈llan* „tönen“ gebildet. Wegen der Zwölfzahl vgl. 1 engl. *shilling* = 12 pence.

Beispiele für *ẹɔ*:

rẹɔtt „aus Reisern gedrehter Strick“ entspr. ahd. *wid*, md. *widde* (nhd. bair. *wid*), sowie slav. Wörtern vgl. Heinz. pg. 119 Schade² ii, 1136. Dazu ahd. *wẹ̈tan*, got. *widan*, Schade² ii, 1136. Nasalirung zeigt ahd. *windan*, davon sg. *rẹnsl* „aus Stroh gedrehter Strick“.

glẹɔtt „Glied“ ahd. *gilid*, got. *lipus*.

brẹɔddɔ „ein Complex von Stämmen, die aus einer Wurzel wachsen“. Es geht wohl zurück auf got. *eripus* „Trupp“, „Rudel“, „ἀγέλη“, vgl. agls. *wräð* „Trupp“, dän. *wraad*. Schade² ii, 1207.

brę̆st f. „Rücken des Fusses" entspricht ahd. *wrist*, hess. *frist* (Vilm. 111), agls. *wrist*.

nę̆bbə, lautlich dem nhd. *nippen* entsprechend bedeutet sg. „einschlummern", „einnicken", dazu führt Heinz. pg. 77 mhd. *nipfen*, agls. *hnipan*, an. Die urspr. Wurzel ist wohl *hniq-*, weshalb nhd. *nicken*, ahd. *hnigan*, lat. *conivere* und got. *hneivan* „*κλίνειν*" (Schade² 1, 409. Kluge⁴ 245) hierher gehören können. Die Stufe *hnuq-* läge dann vor in sg. *nubbə* „Neigung", „Lust", cf. Vilm. 287.

lę̆bbə „Rockschoss", „ora vestis" ist lautlich dasselbe Wort wie das von Luther aus dem Nd. (agls. *lippa*, ndl. engl. *lip*) herübergenommene nhd. *Lippe*. Diese Wörter enthalten wohl sicher die Tiefstufe zu and. *lap*, agls. *leap* „ora vestis" (Schade² 1, 535.) Dazu gehört sicher wieder ahd. *lappa*, agls. *læppa*, an. *lappi*, sg. *labbə* mit vb. *labbə* wie mhd. *lappen* „flicken". Es bedeutet also nhd. *Lippe* wohl weiter nichts als „Läppchen" und gehört zu lat. *labrum*, wovon lat. *lambo* wie auch ahd. *laffan* erst Ableitungen sind. (Kluge⁴ 214.) Als nasalirte Wurzeln treten dazu sg. *lombə* „Lumpen" (*lmb-*) und vielleicht die Bezeichnung der Tierfabel für den Hasen *Lampe* (Wz. *lmb-*), die dann von den langen Ohren, (jagdtechn. den „Löffeln"), hergenommen wäre. (Kluge⁴ 199.) vgl. noch comasc. *lapina* „Ohrfeige" (Schade² 1, 536).

šę̆ff „Schiff" ahd. *scif*.

šdę̆χ „Stich" und „plötzliche Steigung" ist wohl auch lautlich eine Combination von ahd. *stich* und *stēga*.

rę̆qq „Reck zum Kleideraufhängen" entspricht mhd. *ric* lautlich genau. Schade² II, 715.

šę̆lt „Schild" ahd. *scilt*.

šdę̆mm „Stimme" ahd. *stimma*, got. *stibna*.

šbę̆nn „spinnen" ahd. got. *spinnan*.

grę̆nn „Spinne", ein eigentüml. Wort, es ist vielleicht das mhd. *krinne*, ahd. *chrinna* „Kerbe", Einschnitt", und wäre dann die Spinne im Sg. nach ihrem Körperbau benannt. (vgl. Insect von *secare*.)

rę̆nt „Wind" ahd. *wint*, got. *vinds*.

brę̆wə „wringen" mhd. *wringen*, ahd. *hringan*. Heinz. Wb. 36.

sę̆wkə „sinken" ahd. *sinchan*, got. *sigqan*.

Auffällig gegenüber schriftsprachl. *bringen* ist sg. *brëŋ*.
Hier war *ë* für *i* im Md. von jeher besonders beliebt. cf.
Weinhold, mhd. Gr.[1] § 32. Das *ë* scheint hier ml. zu sein:
mnd. *brengen*, as. *brengian*; vgl. sg. Urk.: *brengen* 266. 320.

Sg. *šbętz* „spitz“ deutet auf eine Form ohne *i*-Suffix neben
ahd. *spizzi*. Dafür spricht auch das subst. *šbętzdə* „Spitze“.

Eine eigentümliche Entwicklung zeigt *i* vor urspr. *g*. Hier
scheint die Dehnung der offenen Silbe sehr früh eingetreten
zu sein, worauf dann *g* sich zu *j* erweichte. Das so entstandene *ij* vor Vocal fasste man nun als ein urspr. *i* auf,
aus dem vor Vocal das *j* entwickelt worden wäre, (s. unter
dem *í*), behandelte es genau wie dieses und es ergab sich
ein *ëį*. So konnte im Sg. ahd. *igel* „Igel“ zusammenfallen mit
ahd. *ûwila*, mhd. *iuwel*, indem sieg. für mhd. *iu* ein *i* eintrat.
Sg. *ëįl* bedeutet also sowohl „Igel“ als „Eule“.
rëįl „Riegel“ ahd. *rigil*.
dëįl „Tiegel“, [ahd. *tëgal*], nord. *digull*.
šdrëįl „Striegel“ ahd. *strigil* und
sëįl ahd. *sigil* sind lat. Lehnwörter.

In Siegen-Stadt haben wir hier die regelmässigen Formen
ęil, ręįl etc. In ganz östlich gelegenen Dörfern spricht man
dagegen das alte reine *i*: *siįl, riįl*, wobei man nach falscher
Analogie sogar Formen wie *fiįl* „Vögel“, eis. *fëįl* bildet, was
uns beweisen kann, dass auch dort einmal *ëį* vorhanden gewesen ist.

Abweichend vom Nhd. haben wir im Sg. die alte volle
Brechung des *i* zu *ë* — also eis. *ö*, sg. st. *ë*, fdf. *ä* — in einigen
Formen des Fürworts der 3. Person, was wohl auf nd. Einfluss
beruht. Wir haben also:
ëmm, dat. sing., ahd. *imo*; cf. mndl. *hem*, mengl. *hem* neben *him*.
ënn, acc. sing. und dat. plur., ahd. *inan, in* resp. *in*, mndl. *hen*.
ëər, dat. sing. fem., ahd. *iru*, mndl. *her*, mengl. nengl. *her*.
cf. Heinz. pg. 22. Weinhold, mhd. Gr.[1] §§ 458; 459.

Interessant sind im Sg. die Verhältnisse der ablautenden
Verba der *i*-Klasse (3. u. 4. Klasse der ablautenden Vb.) im Sing.
des Praesens. Im Dialekt von Eisern hatte das *i* des Suffixes

in der 2. u. 3. Pers. Sing. die Kraft, bei den Verben mit gedecktem Nasal das lautgesetzlich entstandene *i* vor der spätern, eben beginnenden sg. Brechung zu schützen. bei den andern Verben das urspr. *ë* zu *i* zu wandeln. Eis. steht also in diesen Formen immer *ę*, da *i* nachträglich zu *ę* geschwächt wurde; also *nęmst, nęmt* (mit urspr. einf. *m*) und *šręmst, šręmt* (mit urspr. gemin. *m*). In der ersten Pers. Sing. haben wir dagegen *nëmmə*, Inf. *nëmmə* und *šrəmmə*, Inf. *šrəmmə*. Hier sind also die alten Lautverhältnisse noch viel klarer als in der Schriftsprache, wo für *ę* und *ęə* gleichmässig *i*, für *ëə* aber *e* steht, und auch deutlicher als in Sg. St., wo *ęə* und *ę* gleichmässig durch *ę*, *ëə* durch *ë* vertreten ist. cf. Heinz. pg. 22.

In den von Heinz. pg. 21 angeführten Verbalformen *sist*, *sitt* und *gəsitt* zu *sē* und *gəsē* ist die Erhaltung des *i* nicht. wie H. meint, aus dem blossen Ausfall von *h* zu erklären. Es ist vielmehr, nachdem *ë* vor *i* der Endung lautgesetzlich in *i* übergegangen war. unter Ausfall von *h* Contraction eingetreten. wie auch im Infinitiv (s. pg. 32). Da dieselbe vor der sg. Schwächung von *i* zu *ę* eintrat, so entstand als Contractionsvocal *î*, das dann lautgesetzlich zu *i* verkürzt wurde.

Noch anders sind die Formen *zist, zitt* zu erklären. wo *i* als Verkürzung aus *î* steht, das vor *i* der Endung der lautgesetzliche Vertreter von germ. *eu* ist. (s. unter *eu*).

In urspr. offener Silbe wird das zu *ę* gesenkte *i* auch gedehnt. Hinter dem so entstandenen *ë* behält im Allgemeinen auch der folgende Consonant seine palatale Färbung. Nur *r* macht eine Ausnahme, das zeigt der davor eintretende Stimmvocal *ə*.

Beispiele:

gərërə ahd. *garitan*, Part. zu *rirə* „reiten."

vës „Wiese" ahd. *wisa*.

kësļ „Kiesel", auch noch „Hagel", „Schlosse" wie ahd. *chisil*.

sërə „sieben" ahd. got. *sibun*.

fë „Vieh" ahd. *rihe*, got. *fihu*.

vëj „Wiege" ahd. *wiga*.

dël „Diele" ahd. *dili*.

švêl „Schwiele" ahd. *swilo.*

šméərn „schmieren" mhd. *smirn,* ahd. *smirwen.*

Eine eigentümliche Erscheinung ist das *ĕ* vor *cht* im Sg. Im Hd. haben wir hier die volle Brechung zu *e,* im Sg. scheint wie im Nd. das palatale *ch* die Brechung verhindert zu haben. Dafür trat nur die Senkung zu *ę* ein, das dann gedehnt wurde. vgl. die Diphtongirung im Altfries. und im Engl.

šlécht „schlecht", [ahd. *slĕht* got. *slehts*], entspricht vielmehr mhd. *slihte,* afris. *sliuht,* engl. *slight.*

gnêcht „Knecht", [ahd. *knĕht*], agls. *cniht,* afris. *kniucht,* engl. *knight.*

sęch rêchdə „sich ordentlich betragen", in der Bedeutung wie in der Form entsprechend mhd. *richten,* ahd. *rihten,* as. *rihtian,* got. *raihtjan.* Hier hat das *j* des Suffixes auch im Hd. die Brechung verhindert.

fléchdə [zu ahd. *rlĕhtan*] Kluge⁴ 87 und

šbécht „Specht", [ahd. *spĕht*]. Schade² II, 849 sind wohl lat. Lehnwörter.

Das idg. *o* ging dem Germ. verloren dadurch, dass es zu *a* wurde. So in got. *ahtau,* ahd. *ahto,* lat. *octo*; got. *nahts,* ahd. *naht,* lat. *nox* u. s. f. (vgl. Brugmann Grdr. § 87. Kluge in P. G. I, 2, pg. 350.).

Dafür entwickelte das Germ. aus dem idg. *u* ein Brechungs-*o,* das wir jedoch unter dem germ. *u* zu betrachten haben.

Das germ. u.

Das germ. *u,* teils dem idg. *u* entsprechend, teils, in der Umgebung von Liquida und Nasal, aus *ə* hervorgegangen (cf. Brugmann Grdr. §§ 222; 284; 299.), wurde in Got. durch folgendes *r* und *h* zu *o* gebrochen, von Wulfila-Grimm *aú* geschrieben.

Viel weiter geht die Brechung des *u* im Hd. Hier bleibt *u* erhalten immer vor *i, j* und *u* der folgenden Silbe sowie vor gedecktem Nasal. meistens auch vor Liquida und Nasal überhaupt. Dagegen wird *u* der Stammsilbe zu *o* gebrochen durch

ein *a* des Suffixes, es sei denn, dass gedeckter Nasal den
Stamm schlösse, der *u* auch hier unversehrt erhält (Kluge
in P. G. I, 2, pg. 355).

Was die Aussprache des Brechungs-*o* angeht, so muss
dieselbe eine ziemlich offene, nach *a* neigende gewesen sein.
Besonders vor *r* zeigt sich diese Neigung zu *a*, so dass z. B.
as. vor *r* nicht selten *a* für *o* geschrieben wird, wie denn
auch mhd. Denkmäler aus Baiern und Oesterreich *o + r* und
a + r auf einander reimen. Und noch heute geht *o* vor *r* im
Bair. gern zu *a* über. vgl. Behaghel P. G. I, 3, pg. 562.

Auch der siegener Dialekt hat für das alte Brechungs-*o*
einen sehr offenen *o*-Laut, der etwa dem im Engl. vor Liqui-
den für *a* eintretenden Laut entspricht und den wir mit *ǫ* bezeichnen wollen.

Beispiele:

šbǫtt ahd. *spot.*

hǫddə „das Feste in der gekochten geronnenen Milch". „Quark",
  ist schwer zu beurteilen. Nach Wüste (Corrbl. des Vereins
  für nd. Sprf. 1877. pg. 87) gehört das Wort, das auch in
  westfäl. Dialekten als *hottkiətel* u. ä. erscheint, zu ahd. *skotto*
  mhd. *schotte*, eine Entwicklung, die an sg. *hǫ̃ȏdə*, das eine
  Flachssorte bezeichnet, aus ahd. *scota* (Schade² II, 802) ein
  Gegenstück hätte. Im „Freien Grund": *hǫddə* „Schote".

rǫst „rubigo" ahd. *rost*, sg. wohl unterschieden von *rǫst* „cra-
  ticula" ahd. *rôst* und *rôst* „Russ" ahd *ruoz.*

qǫpp „Kopf" ahd. *chopf.* Die alte Bedeutung „Trinkgefäss",
  vorliegend in an. *koppr*, hat im Sg. das Diminutiv *köppchə*
  „Obertasse" bewahrt. cf. engl. *cup.*

brǫffə „pfropfen", *brǫffris* „Pfropfreis" zu mhd. *pfropfen*, ahd.
  pfropfo. Interessant ist die verschiedene Behandlung der *p* in
  An- und Inlaut.

rǫqqə „Rocken" ahd. *roccho.*

lǫχ „Loch" ahd. *loh.*

fǫʒl „Vogel" ahd. *fogal* neben *fugal.*

qǫln „Kohlen (der Sing. hat Dehnung: *qȃȏl*) ahd. *cholo.*

hǫrn „Horn" ahd. *horn*, got. *haúrn.*

Seit dem 12. Jahrhundert begann auch das aus *u* durch
Brechung entstandene *o* durch *i, j* eines nachträglich ange-

fügten Suffixes umgelautet zu werden. Da der sonst im Hd.
sich ergebende Umlautvocal *ü* wie in vielen md. Mundarten
so auch in dem grössten Teil des siegerländer Sprachgebiets
unbeliebt war, so trat der entsprechende helle Laut, offenes *e*
(*ë*), ein. Nur in Ferndorf und in Freudenberg haben wir *ö*.

kësdə „Kosten“, nur noch archaistisch für neueres *ɡosdə*, mhd.
   koste, kost.

frëš „Frosch“, der Umlaut ist wohl durch *š* bewirkt (cf. *äšə*
   pg. 28), ahd. *frosk.*

gnëbbə, plur. zu *gnopp* ahd. *knopf.*

šdëckə, plur. zu *šdoqq* ahd. *stoc.*

Die Dehnung des *o* in offener Silbe führte naturgemäss
zu *aô*, offenem langem *o*-Laut. Der Umlaut davon ist natürlich für *ö̂*, das sg. nicht stehn kann, ein *aë̂*. Vor *r* steht
aôə und *aëə*.

Beispiele:

laô „Schössling“, plur. *laôrə*, zu ahd. *lota* „Schoss“, nd. *lode*
   von ahd. *liotan*, got. *liudan*. Schade² 1, 565.

daôrr „Dotter“ ahd. *totoro.*

γaôrḷ f. „Gote“, „weiblicher Taufpate“ ist das fem. gewordene
   mhd. dimin. *gotele* „weibliches Patenkind“ von ahd. *gota*, got.
   gudja„ ίερεύς.“ Von diesem Diminutiv ist wieder ein dimin.
   γaërḷchə „weibl. Patenkind“ gebildet.

haôs, gew. nur plur. *haôsə*, bedeutet sg. nur „Strumpf“, ahd.
   hosa.

draôχ „Trog“ ahd. *troc*, nd. *trog*. Kluge⁴ 360.

baôꝫə „Bogen“ ahd. *bogo.*

maôꝫə „mögen“ ahd. *mugan* hat nachträglich Brechung er-
   fahren wie nhd. *mögen.*

faôər „vor“, zugleich auch „für“, also = ahd. *fora* und *furi.*

saôl „Sohle“ ahd. *sola*, ein lat. Lehnwort.

Den Umlaut zeigen:

haësche, dimin. zu *haôs*;

laëtchə, dimin. zu *laô*;

kaëlchə, dimin. zu *γaôl*, wovon auch *kaëlr̯* „Köhler.“

War schon im Ahd. das germ. *u* durch die alte Brechung
in seinem Bestand beträchtlich geschmälert worden, so verschwand es im Sg. als Vertreter von idg. *u* fast gänzlich.
Analog der Schwächung des *i* zu *ę* trat nämlich auch eine
Senkung des *u* zu *ǫ* ein, die im Mnd. ihren Anfang nahm
und sich auch in md. Gebiete, wie das Siegerland, verbreitete.
Auch hier wieder hat der rip. und mit ihm der sg. Dialekt
die Senkung viel consequenter durchgeführt als das Hessische,
ja sogar strenger als das Nd. selber. Der durch die Senkung
des *u* entstehende Vocal ist analog dem Senkungs-*ę* ein geschlossenes *o*. cf. Behaghel, P. G. 1, 3, pg. 562; Heinz. pg. 24;
Wülcker pg. 27.

Nur in einigen wenigen Fällen hat *u* der Senkung widerstanden. So hielt es sich, wie auch das *i*, vor *r* + Consonant:
hurt „Sitzstange der Hühner", „Nest" mhd. ahd. *hurt* „Flechtwerk aus Reisig". got. *haúrds*. Dazu wohl lat. *crates*,
gr. *κάρταλο*., idg. Wurzel *kr̥t*. — Dazu nhd. *Hürde* und
Horde, zwischen deren Bedeutungen das sg. Wort etwa in
der Mitte steht. cf. Kluge[4] 150.

duršt ahd. *durst*, got. *þaúrstei*.

hurdich „schnell" mhd. *hurteclich*, vielleicht ein roman. Lehnwort.

urzo (Heinz. pg. 27.) hess. *orzen* (Vilm. 426.) „etwas vom Futter
übrig lassen", vom Vieh gebrauchter Ausdruck, davon *urzo*
f. „das Uebriggebliebene." Das Wort gehört wohl zu nhd.
urte, *ürte* „Zeche", „Rechnung des Wirts über das Verzehrte."
Interessant wäre dann die sg. Bedeutungsentwicklung, da
ja *urzo* gerade das bezeichnet, was nicht verzehrt worden
ist. Auch ahd. *ortôn*, bei dem *o* allerdings auffällt, liegt
seiner Bedeutung nach nicht so fern. Sg. *z* gegenüber mhd.
ahd. *t* dürfte wohl auf suffixalem Einfluss beruhen. Anders
Vilm. a. a. O.

burch „Burg" ahd. *burg*, got. *baúrgs*.

rurm „Wurm" ahd. *wurm*, got. *waúrms*, skr. *kr̥miš*. Kluge[4] 391.

durn, *durm* schon mhd. *turn*, *turm* nebeneinander. Kluge[4] 363.

qurẹl „Kurbel", „Winde" zu ahd. *churba*.

Durch falsche Analogiebildung ist sogar *u* vor *r* unorganisch eingedrungen in *urjl* „Orgel" ahd. *orgela* neben häufigerm *organa*, entl. aus mlat. *organum* resp. dessen Plural. Kluge [4] 253.

γurgə, gewöhnlich *γurgəšdǫbbə*, „Kork" entlehnt aus span. *corcho*. das auf lat. *cortex* zurückgeht. Das *u* findet sich übrigens schon in ndl. *kurk* neben *kork*.

Der Umlaut dieses vor *r* erhaltenen *u* ist für das dumpfe *ü* sieg. ein helles *i*:
virzlchə, dimin. zu *rurzl* ahd. *wurzala*, agls. *wyrtwalu* (s. pg. 17). *širzə* „Schürze", davon *širzfǫll* neben *šurzfǫll* „lederne Schürze" (Heinz. pg. 26) zu ahd. *scurz* „kurz"; vgl. engl. *shirt*, an. *skyrta* „Hemd."

biršdə „Bürste" mhd. *bürste* ist auch eingetreten für mhd. *borste*, das sg. fehlt. vgl. ahd. *burst*.

birjr „Bürger" zu *burch*.

gəbirdich „gebürtig" zu *gəburt*.

In *furšnëi* „nagelneu" liegt vielleicht Erhaltung der alten Verdumpfung von *i* vor, die sich mhd. findet. (Weinhold. mhd. Gr. [1] § 52.). Hier liegt nämlich wahrscheinlich ahd. *frisk* zu grunde, das md. *firsch*, *frusch*, *fursch* lautet. Schade [2] i, 226.

Auch im Praet. der ablautenden Verben der 3. Klasse mit stammschliessendem *r*+Consonant ist *u* im Plur. gesetzmässig erhalten: 1. Pers. Pl. *šdurrə*, *frdurrə* von *šdëorrə*, *frdëorre*. Dieses *u* ist aber dann sg. auch in den Sing. gedrungen, also 1. Pers. Sg. *šdurr*, *frdurr*. In der nhd. Schriftspr. ist die Entwicklung umgekehrt, indem hier *a*, der lautgesetzliche Vokal des Sing. auch in den Plural eindrang. Durch Synkope des *-də-* trat Dehnung ein in *ruərn*, davon Sing. *ruər*; Inf. ist *raëərn*. Der Opt. Praet. heisst dementsprechend *šdirr*, *frdirr*, *riər*. Im Part. Perf. trat regelrecht Brechung ein: *gəšdorrə*, *frdǫrrə*; nur in *ruərn* „geworden" erscheint *u*, was auf frühe Dehnung schliessen lässt.

Wie beim *i* das *ɛə*, so tritt beim *u* nach *rr* ein *ɔə* ein, dessen Umlaut wieder *ɛə* ist. So in
gnɔərn „knurren";
šnɔərn „schnurren" mhd. *snurren*;
ferner auch in dem umgelauteten
dɛərn „dörren", „verdorren", also activ und passiv.

Im ferndorfer Dialekt tritt dagegen nach *r* unter wittgen-
steinschem Einfluss stets *o*, Umlaut *ö*, für *u* ein: *vorzl* „Wurzel“,
dim. *rörzlchٔ*.

Im fdf. Dialekt hält sich *u* wie *i* auch vor gutturalem
Nasal, der im Inlaut aus *n*+Muta entwickelt wurde:
jٔsunٔ „gesungen“ gemsg. *gٔsٔnٔ*;
jٔfunٔ „gefunden“ gemsg. *fٔnnٔ*;
unr „unter“ ahd. *untar*, gemsg. *ٔnnr*;
hunrt „hundert“ gemsg. *hٔnnrt*.

Im Auslaut, wo die Muta hinter *n* sich hält, tritt auch
fdf. die Senkung ein: *hont* „Hund“, *ront* „rund.“

Der Umlaut dieses fdf. *u* ist natürlich das dort beliebte
ü: füٔ Opt. Praet. zu *finٔ* gemsg. *fٔnn* zu *fٔٔnnٔ* „finden.“

Vor *v* hält sich *u* auch in andern Gebieten des Siegerlands:
luv „Lunge“ ahd. *lungun*.
ruv „Runge“ mhd. *runge*, got. *hrugga* „Stab.“
zuv „Zunge“ ahd. *zunga*, got. *tuggô*.

Umlautvocal ist natürlich *i*:
gٔliv „die (edlern) Eingeweide“ wie bair. *gelöng* (Schmeller
II, 484.), mhd. *gelunge*. Schade[2] I, 297.
zivlٔ „züngeln“, abgeleitet von *zuv*.

In andern Wörtern tritt dagegen vor *v* die Senkung des
u ein:
jov „Junge“, fdf. *juv*; mhd. *junc*, got. *juggs* ist das zugehörige
Adj., das sg. *jovk* lautet.
dov f. „Butterbrot“ ist auch hess. bekannt (Vilm. pg. 80. 478.).
Es wird von Bech (Beitr. zu Vilm. pg. V) unter Hinweis auf
das mhd. *daz begozzen brôt* aut mhd. *tunge* „irrigatio“ von
tungen „irrigare“ zurückgeführt. Es dann also ein „ge-
düngtes“ d. h. ein mit Butter, Honig oder Kraut bestrichenes
Brot.
hovr „Hunger“ ahd. *hungar*, got. *húhrus* für **hunhrus* (verb.
huggrjan).

Fernere Beispiele pg. 48.

Endlich wird urspr. *u* im Sg. meist auch durch folgendes
gg vor Schwächung bewahrt:

·

gluqqə „Bruthenne" mhd. *klucke*. Davon das vb. *gluxə*, adj.
gluxich.

juqqə „jucken" ahd. *jucchen*.

γuqqə mhd. *gucken*, daneben steht das mehr nd. *luqqə*; alts.
lôcôn, engl. *look*, ndl. *lugen* sind verwandt; *luqq* heisst der
erste Besuch der Freundinnen bei einer Wöchnerin, wobei
das neugeborene Kind in Augenschein genommen wird.

mɛch šuqqrt „der Frost überläuft mich"; vgl. mhd. *schucken*
neben *schocken* Schade[2] II, 773.

zuqqr mhd. *zucker* ist ein span. Lehnwort.

Vereinzelt ist *u* erhalten in *jutt* „Jude". Hier mag sehr
früh Dehnung eingetreten sein, worauf dann *û* gesetzmässig
zu *u* verkürzt wurde.

Vor allen übrigen Consonanten tritt regelmässig die Senkung
des *u* zu *o* ein:

blott „zart", „jung", entspricht mhd. *blut* „nackt", „bloss", nd.
blutt. In der Schriftsprache ist das Wort bewahrt in *blut-
arm*, *blutjung*, cf. Heinz. Wb. 27.

doddl „Klex" wie nhd. *Tüttel* (Kluge[4] 365) ist ohne Umlaut
abgeleitet von ahd. *tutta*, mhd. *tutte*.

soddr „Pfeifenschmiere", „Sutter", gehört wohl zu mhd. *sutteren*
„im Kochen überwallen", ferner mhd. *sudel*, *sudeln*, ahd. *suti*.
md. *sudde* „heisse Quelle". Stellt sich *soddr* zu dieser Wurzel,
so hat es nichts zu tun mit agls. *sót*, an. *sót* und slav.
Wörtern, so schön auch seine Bedeutung zu lett. *sódeji*, *sódri*
„Russ", „Tabaksöl" stimmen mag. (Schade[2] II, 845.). Zu
dieser Wurzel gehört wohl auch sg. *sorrl* „Jauche" aus
soðel, das genau einem mhd. *sudel* entspräche.

botzə „Hose" entspricht wohl mhd. *butze* „Larve", *butzen* „aus-
kleiden", „aufschmücken" (Schade[2] I, 93). Auch schwz.
butzen „Obstkerngehäuse" gehört wohl hierher. Vielleicht
steht das Wort auch in irgend welcher Beziehung zu frz.
botte. Dem Dental in *botzə* entspricht Guttural in nhd. dial.
buchse. Kluge[1] 48. vgl. Heinz. pg. 76. Wb. 32.

brost ahd. *brust*, got. *brusts*.

nozz „Nuss" ahd. *nuz*.

qobbr „Kupfer" ahd. *chupfar*.

hoft „Hüfte" wie ahd. *huf* zu nhd. *Hüfte*.

gloft „Kluft" wie mhd. *kluft*. Daneben haben wir in *füꞷrgloft* „Feuerzange" eine Bedeutung. die an das ahd. *chluft* „forceps". „Schere" erinnert.

froꞷt, (nur im Sgl. collectiv gebr.), „Feldfrüchte", ahd. *fruht,* vielleicht ein lat. Lehnwort.

ödoꞷnt „ungezogen", dazu *ödoꞷt* „Taugenichts", von mhd. *un-tugent*.

groln, plur., „Locken", davon *grollich* „lockig". die unumgelautete Form zu mhd. *krülle,* vgl. mnd. *crul* „crispus", davon dimin. md. *crullil*. Schade² ι, 517. Vilm. 227.

oltrn, ein specifisch sg. Wort. „Boden", „Söller des Hauses". macht Schwierigkeiten. Es ist wohl eine Zusammensetzung von mhd. *alter,* aus lat. *ultra* entlehnt (Schade² ιι, 996), und dem oben (pg. 24) besprochenen *ern,* ahd. *arin* „Flur". bedeutet demnach „oberer Hausflur". In Siegen-Stadt steht dafür *lüb* (s. unter *au*).

holꞷ in dem Ausdruck *bꞷt dꞷ holꞷ färn* „nachtwandeln". einer auf altem Aberglauben beruhenden Redensart. ist sehr interessant. Es ist wohl euphemistische Bezeichnung für das mhd. *unholt,* ahd. *unhold*. Got. *unhulþa, unhulþô,* ahd. *unholda* zeigen noch die Bedeutung des Dämonischen. (Jac. Grimm, dt. Mythol.² pg. 942.). Dem sg. euphemist. *holꞷ* entspricht genau griech. εὑμέριδες. Anders Vilm. 137. Schmidt 73.

romp „zweirädriger Karren mit rumpfartigem Kasten". (vgl. Schiffsrumpf). mhd. *rumph,* ndl. *romp*. Heinz. pg. 77.

qomp „tiefe Schüssel". „tiefe Stelle eines Baches", mhd. nhd. *kumpf,* agls. *cumb*. Kluge¹ 194.

bꞷdombꞷ „dumpf". steht ndl. *dompig* am nächsten, mhd. *dumpfen*.

hont „Hund" ahd. *hunt,* got. *hunds*.

onnrn „Nachmittag", ein dialekt. weit verbreitetes Wort (Heinz. 111; Schmidt 128. Vilm. 423.), ahd. *untarn,* mhd. *undern*. Schade² ιι, 1051.

šlonk „Schlund". „Kehle" zu nhd. *schlingen,* sg. *šlꞷnꞷ,* wie ahd. mhd. *slant* zu mhd. *slinden,* vgl. Kluge⁴ 307.

glonk „Krug" wird von Heinz. 92 von sg. *glꞷnꞷ, glꞷnꞷ* „klingen" abgeleitet. ob mit Recht, muss dahingestellt bleiben

broꞷl, nur noch erhalten in der Verbindung *ꞷ broꞷl süꞷrmôs,* da man das Sauerkraut auswringt, wenn man es zum Kochen aus dem Fass nimmt, worin es eingemacht war. Es ist also abgeleitet von sg. *br̥ǝuǝ* (s. pg. 38.) und entspricht ahd. *wrungel*, welches „süsse dickgemachte Milch, aus der die Molken ausgewrungen sind" bezeichnet. Schade[2] ii, 1206. Heinz. Wb. 38.

hǫrrl̥ „Windel" mit verengerter Bedeutung zu mhd. *hudel* „Fetzen", „Lappen" (Schade[2] i. 427). cf. Vilm. 177.

Der Umlaut dieses durch Senkung aus *u* enstandenen *ǫ* ist, da *ö* sg. nicht stehn kann, ein *ẹ*. Die Dialekte von Freudenberg und Ferndorf haben hier natürlich *ö*.

Beispiele:

pẹtz hat wie ahd. *pfuzzi*, ndl. *put*, agls. *pytt*, die Bedeutung des alten lateinischen Stammworts *puteus* „Brunnen" bewahrt. Meist hat die Bedeutung die Verengerung „Ziehbrunnen". Davon *pẹtzǝ* „Wasser aus dem Brunnen ziehn".

rẹtchǝ „männl. Hund" ahd. *rudo, hrudeo*, agls. *ryþþa.*

kẹrrl̥ „Kittel" ist vielleicht als Diminutiv zu mhd. *kutte* zu fassen, so dass md. *kittel* für *küttel stände und mit agls. *cyrtel*, an. *kyrtell* nichts gemein hätte. (Kluge[4] 171.) Man vgl. das mhd. dimin. *kütli* (Schade[2] i. 529.). Auffällig bleibt nur der Genuswechsel, der aber auch sonst bei Diminutiven vorkommt. So in dem von Heinz. pg. 26 citirten masc. Kosewort *jẹvl̥*, dimin. zu *jǫv*, wie auch in dem pg. 43 besprochenen fem. *γ̇ûörl̥.*

ẹr̥r „über" ahd. *ubir, ubar.*

hẹbbɉ „Haufen" entspricht dem bair. *hübel*, mhd. *hübel, hubel* (Kluge[4] 148; Schade[2] 1, 427.) Ohne Umlaut ist sg. *hǫbbl̥* „holprige Stelle" mhd. *hubel, hobel*, wovon adj. *hǫbbl̥lich* gebildet ist.

rẹckǝ „Rücken" ahd. *hrucki*, agls. *hrycg.*

fẹlvɔz „niedriger Korb aus Eichenschienen", hess. *füllfas, füllres*, Vilmar 111; Heinz. 63. Es entspricht as. *fullfat* (Hel. 4589) „Krug", „Flasche", dessen erster Bestandteil das as. *full* „Becher", „Krug" ist. cf. Schade[2] i, 231. Anders Bech Beitr. pg. VII.

sẹlzǝ „Sülze" mhd. *sülze, sulze*, ahd. *sulza*, as. *sultia* „Salzwasser". Der Stamm zeigt die Tiefstufe *sl̥-* zur Wurzel von *Salz*, *sl̥.*

bembr „grosser Krug oder Kessel", daneben das nicht umgelautete *bombos*, engl. *bumper*. Heinz. pg. 77; Wb. 16.

remm onn demm „weit und breit". wozu Heinz. pg. 26 das mckl.
üm und düm beibringt, zeigt Umlaut des *um* wie mhd. *ümbe*,
ahd. *umbi*. Das *d* des letzten Wortes ist ganz unorganisch
herübergenommen von dem *d* des Wortes *und*, das sich
auf diese Weise gerettet hat. Begünstigt wurde diese Herüber-
nahme dadurch, dass sg. *onn* das *d* assimilirt hat. Wir haben
eine ähnliche noch viel auffallendere Erscheinung in dem
Gruss *gonāorġt* „guten Abend", das zu *nāorġt* abgekürzt wird,
als ob die Bestandteile *go und *nāorġt wären.

herr „Rauchfang" ist ein dunkles Wort. Es stellt sich vielleicht zu got. *haúri* „Kohlenfeuer". „Kohle", an. (dicht.)
hyrr „Feuer", doch bleibt es auffällig, dass *u* vor *r* hier geschwächt wäre.

Selten tritt, veranlasst meistens durch ausgefallenen Nasal,
Dehnung des ursprünglichen *u* ein. Als Dehnungsvocal ergibt
sich *ô*, umgelautet *ê*:

ôlich „Oel" mhd. *öl*, *ole* ahd. *olei*, *oli*, as. *olig*. Weinh., mhd.
Gr. [1] § 220.

mêl „Mühle", urk. noch die unumgelauteten Formen *möle* (sg.
Uk. 130) und *molen* (167), mhd. *mül*, ahd. *muli*.

kêml „Kümmel" ahd. *chumil*.

sô „Sohn", selten gebraucht, ahd. *sunu*, got. *sunus*. vgl. ndl. *zoon*.

dôst „Dunst" ahd. *tunist*, agls. *dúst*.

bê „Decke des Zimmers" mhd. *bün*, *büne*. Die Bedeutung
„Decke" kennt auch das Schweizerische. Kluge [4] 46. Heinz.
Wb. 12.

êslt „Talg", „Unschlitt" mhd. *unslit*, *inslit*, daneben schon *unselt*,
inselt. Hess. nd. *ungel* entspricht das im nördl. Siegerland
übliche *ovl*. Kluge [4] 365.

Vor stammschliessendem Nasal tritt im Sg. die Brechung
des *u* zu *o* nicht ein; der sg. Dialekt hat somit die im Mhd.
geltenden Lautverhältnisse bewahrt. Wir finden also nur die
Schwächung zu *o* und haben damit denselben Laut wie in

der nhd. Schriftsprache, der jedoch hier eine andre Entwicklungsstufe darstellt:

sonn „Sonne" ahd. *sunna*, got. *sunnô*.

sommr „Sommer" ahd. *sumar*.

fromm „fromm" zu ahd. *fruma* „Nutzen".

qonn „können", ohne Umlaut, wie mhd. *kunnen*, ahd. *chunnan*, got. *kunnan*.

sonnrn „sondern" mhd. *suntern*.

Dieselbe Lautstufe haben wir sg. wie im ganzen Ripuarischen auch vor gedecktem *l* (Heinz. pg. 28.):

holz ahd. *holz*.

rolkə ahd. *wolcha*.

folk ahd. *folc*.

doll „die untersten stärksten Aeste eines Baumes, da wo der Stamm sich zu verzweigen anfängt" muss auf ein wohl urspr. nd. *dull* zurückgehn (Kluge⁴ 56.); cf. ahd. *toldo*, mhd. *tolde* und ahd. *tola* „racemus", vgl. auch hess. *dolle* (Vilm. 75.), westerw. *doll* (Schmidt 46.). Heinz. pg. 112 gibt die Bedeutung ungenau an.

doll ahd. *tol*.

ronn aus *voln ahd. *wollan*, *wellan*.

Im Mittelbinnendeutschen bestand die Neigung *u* und *o* in gewissen Wörtern wechseln zu lassen. (Weinhold, mhd. Gr.² §§ 59, 63, 74.) Die Wirkungen dieses Wechsels zeigen sich auch im Sg., daher entspricht oft sg. Brechungsvokal (*ǫ*) nhd. nicht gebrochenem Vocal und umgekehrt.

So haben wir sg. Brechung in:

flǫχ „Flug" ahd. *flug*.

qǫžl „Kugel" mhd. *kugel*, ndl. *kogel*.

zǫqqə „zucken" ahd. *zucchen* und *zocchôn*, nd. *tokken*.

šbǫ̂ər „Spur" mhd. *spur* und *spor*.

fǫ̂ər „Furche" ahd. *furuh*, ndl. *roor*.

Andrerseits haben wir im Sg. den Senkungsvocal in:

voχə „Woche" ahd. *wohha*.

born „Brunnen" ahd. *brunno*. Das nd. *Born* ist im Hd. poetisches Wort geworden.

dróstl „Drossel" mhd. *drostel*, agls. *þrostle* „merula". Kluge [4] 60. Daneben mhd. *drôschel*, ahd. *drôscela*.

Offenbar eine Zwischenstufe zwischen *ǫ* und *o̧*, ein Uebergangsstadium von dem gesenkten zu dem gebrochenen *u*, liegt vor in einem *o̧ə*, dass sich zuweilen für germ. *u* einstellt. Charakteristisch ist dabei, dass dieser Laut sich besonders gern in der Dehnung, als *ô̧ə*, zeigt. Das erklärt sich daraus, dass die Dehnung der Brechung länger Widerstand leisten konnte als der einfache Vocal.

Interessant ist hier die Behandlung des ahd. *holôn* im Sg., denn wir finden die drei möglichen Formen nebeneinander, also *holn*, *ho̧əln* und *ho̧ln*.

Sonst haben wir *o̧ə* resp. *ô̧ə* in

o̧əssə „Ochs" ahd. *ohso*, got. *aúhsa*.

lô̧ərə „loben" ahd. *lobôn*.

ô̧ərə „oben" ahd. *obana*, got. *ufana*.

ô̧ərə „Ofen" ahd. *oran*, got. *aúhns*.

hô̧əf „Hof" ahd. *hof*.

grô̧əf „grob" ahd. *grob*.

Der Umlaut dieses *o̧ə* resp. *ô̧ə* ist natürlich *ȩə* resp. *ȩ̂ə*:

ȩəsschə, dimin. zu *o̧əssə*.

ȩ̂ərļchə, dimin. zu *ô̧ərə*, mit zwei Diminutivsuffixen.

Zieht man die nhd. Lautverhältnisse in Vergleich, so gestaltet sich die Entwicklung von germ. *u* im Sg. am eigenartigsten bei den ablautenden Verben der dritten und vierten Klasse.

Zunächst ist die im Hd. nach der mhd. Zeit eingetretene Brechung von *u* unterblieben bei den Verben mit stammschliessendem Nasal. Hier trat im Sg. nur die Senkung des *u* zu *ǫ* ein. (pg. 50). Dadurch erhalten wir bei der dritten ablautenden Klasse zwar gleichen Laut (*ǫ*), doch nicht die gleiche Entwicklungsstufe im Part. Perf. vor geminirtem Nasal: sg. *gərǫnn* nhd. *geronnen*; sg. *gəšvǫmmə* nhd. *geschwommen* etc. Hier hat also das Sg., abgesehen von der Schwächung des *u*, die mhd. Verhältnisse bewahrt.

Die Verba mit stammschliessendem Nasal + Cons. zeigen schriftsprachlich im Part. Perf. zwar dieselbe Lautstufe wie im Sg., doch nicht gleichen Laut, dort *u,* hier *ǫ*: sg. *gǝsǫnǝ* nhd. *gesungen*; sg. *fǫnnǝ* nhd. *gefunden.*

Gleicher Vocal tritt wieder ein im Part. Perf. vor *l*+Cons., das nhd. die Brechung nicht hindert, wohl aber im sg. Dialekt: sg. *gǝgǫllǝ* nhd. *gegolten*; sg. *gǝšvǫln* nhd. *geschwollen*; sg. *gǝhǫlfǝ* nhd. *geholfen.*

Sowohl die Schriftsprache als auch das Sg. haben Brechung des *u* im Part. vor *r* + Cons.: sg. *gǝvǫrfǝ* nhd. *geworfen*; sg. *gǝšdǫrvǝ* nhd. *gestorben.*

Ebenso ist vor allen andern Consonanten Brechung eingetreten: sg. *gǝfǫχdǝ* nhd. *gefochten.*

Noch auffallender gestalten sich die Verhältnisse der dritten ablautenden Klasse im Praeteritum. In der Schriftsprache ist hier der Stammvocal des Singulars auch im Plural zur Herrschaft gelangt: im Sg. ist umgekehrt der Vocal des Plurals auch in den Singular eingedrungen. Während wir also in der Schriftsprache durchgängig im Praet. *a* haben, zeigt der sg. Dialekt, da ja die Brechung hier ausgeschlossen ist. überall gleichmässig *ǫ,* vor *r* aber (s. pg. 44) *u*: sg. *švǫmm, sǫn, hǫlf, rurf* gegenüber schriftspr. *schwamm, sang, half, warf.*

Bei den Verben der vierten ablautenden Klasse kann hier nur das Part. Perf. in Betracht kommen. Es zeigt sg. wie schon mhd. den Brechungsvocal: *gǝbrǫχǝ* mhd. *gebrochen*; *drǫffǝ* mhd. *getroffen.* Nur vor Nasal scheint sg. die Brechung nicht eingetreten zu sein, obwohl sie hier schon das Ahd. hat: *gǝnǫmmǝ* ahd. *ginoman.*

Die Verba der zweiten ablautenden Klasse zeigen auch sg. überall den Brechungsvocal im Part. Perf. So sg. *gǝrǫχǝ* nhd. *gerochen,* sg. *gǝšǫzzǝ* nhd. *geschossen,* sg. *gǝlǫ̂ǰǝ* nhd. *gelogen,* sg. *gǝfrǭǝrn* nhd. *gefroren,* sg. *gebǫ̂rǝ* nhd. *geboten.*

Im Praet. ist hier sg. wie auch schriftspr. der Vocal des Singulars auch im Plural herrschend geworden.

Das westgerm. *â* steht im Allgemeinen für urgerm. *ǣ*. Der Uebergang dieses *ǣ* zu *â* vollzog sich jedoch sehr früh und war nach Behaghel (P. G. I, 3, pg. 562) um's Jahr 1000 überall abgeschlossen.

Heute ist das urspr. *â* in den meisten nd. und md. Mundarten streng geschieden von dem durch Dehnung aus germ. *a* hervorgegangenen langen *a*-Vocal. Diese Differenzirung geschieht in der Weise, dass urspr. *â* nach *o* hin verdumpft wird. (cf. Weinhold, mhd. Gr. [1] § 56). Im Ndfrk. zeigt sich diese Verdumpfung schon in den ältesten Zeiten, ja hier tritt völlig der *ô*-Laut ein. (Behaghel a. a. O.). In späterer Zeit ist die Verdumpfung, wie es scheint, von Osten nach Westen fortschreitend. Am schwächsten ist sie im Nd., das ja auch sonst seine Vorliebe für reines *a* beweist. (Behaghel P. G. I, 3, 566.)

Der siegerländer Dialekt nimmt hier eine vermittelnde Stellung ein. Er verdumpft zum Unterschied von dem neuen Dehnungs-*a* das alte *â* und trennt sich dadurch von den meisten rip. Dialekten, er geht aber in dieser Verdumpfung nicht so weit wie sein östlicher Nachbar, der hessische Dialekt, der für altes *â* reines *ô* eintreten lässt. Immerhin treibt auch das Sg. die Verdumpfung des *â* so weit, dass es mit dem verlängerten aus *a* entstandenen Brechungs-*ǫ*, das in entgegengesetzter Richtung sich entwickelt, zusammentrifft und völlig übereinstimmt. Heinz. pg. 30.

Beispiele:

vdōt „Kleidung“, „Staat“ hess. *wôt*, mhd. ahd. *wât*.

rāǫz „Honigwabe“, hess *rôss* (Vilm. 330), entspricht mhd. ahd. *râze*. Das Wort findet sich auch sonst in uhd. Mundarten, ausser im Hess. in der Eifel als *râzen* (From. VI, 17), bair. *hungrâz*

(Schmeller III, 125). Anord. haben wir *ráta*, ndl. *raat, honingraat*. Die Grundbedeutung der Wurzel ist wohl „in Zellen oder Maschen eingeteilt" und dann weder lat. *radius* (Frisch II, 127; Weig. II, 511) noch auch lat. *crates* (Jac. Grimm bei Haupt VIII, 421), sondern mit Diez (Wb. II ³, pg. 411) lat. *rête* hierherzuziehn. Schade ² II. 703; Kluge ⁴ 284.

aôs „Aas", auch Schimpfwort, mhd. ahd. *ás.* Davon das comp. *sinnaôs* „Schindaas".

maôš „Masche", mhd. *másche*, abd. *másca* haben noch das *á*, welches nhd. verkürzt ist.

at raôstrt „es ist ein Unwetter" ist Intensitivum zu ahd. *wázen, wázan* „stoss- und ruckweise blasen"; vgl. noch besonders ahd. *wáz-gewitere* „Sturmwetter", *wáz* „starkes Wehen". Schade ² II, 1105. Schmidt 333 f.

šaôf „Schaf" ahd. *scáf.*

aôrut „Abend", wohl Part. zu ahd. *áben* „sinken".

haôχ „Haken" ahd. *háko.*

baôχt „Schmutz", auch eine Schelte, schles. *bôcht*, zu mhd. *báht* „Unrat", „Kot." Schade ² I, 36. Hz. Wb. 29.

graô „Krähe" (selten) mhd. *krá*, ahd. *chrá* neben *chráia*, agls. *cráwe.*

šdraôl selten „Strahl", meist „Streifen", mhd. *strál*, ahd. *strála.*

šbraôl „Star", ein nd. Wort, nach as. *sprá* gebildet, vgl. uhd. mundartl. *Sprehe*, nd. *spré.* Kluge ⁴ 335.

maôln „malen" ahd. *málón*, got. *méljan*, streng geschieden von *maln* „mahlen" ahd. *malan*, got. *malan.*

baôr ahd. *bára* „Bahre". Heinz. Wb. 28.

daô „da" mhd. *dá, dár*, ahd. *dár.* Daneben steht eine Form mit anlautendem *l*, sg. *laô*, mit der hinweisenden Bedeutung des franz. *là.* Vielleicht beruht daher das *l* auf franz. Einfluss, was dadurch bestätigt wird, dass die sg. Pronomina für die verlornen *dieser* und *jener* genau nach franz. Muster gebildet sind: *hŗdaê* aus *hê* und *daê* „dieser" (celui-ci) und *lŗdaê* aus *laô* und *daê* „jener" (celui-là.)

šraôm „Linie auf der Schiefertafel", auch „kleine (meist mit dem Fuss gezogene) Furche" entspricht lautlich an. *skráma* „Wunde", nicht aber mhd. *schram.*

braômbr „Brombeere" mhd. *brámber*, ahd. *brámberi* (s. unter den

Compos.). Daneben steht sg. ein *brāoml̦* entsprech. ahd. *brámal.*
Heinz. Wb. 38.

māônt „Mond" mhd. *māne,* ahd. *māno.* Schon mhd. finden wir
die Nebenformen *mânde, mânt.* Dasselbe Wort vertritt sg.
auch das mhd. *mânôt.*

jāō „Jahn", sonst nhd. mit der Bedeutung „Reihe gemähten
Getreides", bedeutet sg. die von jemand bearbeitete Strecke
Hauberg, welche gewöhnlich in einem langen, schmalen
Streifen besteht. Ueber die Ableitung des Wortes vgl.
Kluge ¹ 153.

γāō „gehn" (ebenso *šdāō* „stehn") entspricht dem ahd. *gān,*
während hess. *gê* auf ahd. *gên* beruht. Weinhold, mhd. Gr. ¹
§ 340. Heinz. pg. 30.

Sg. *āō* steht, wie mhd. *â,* auch für ahd. *âo,* welches im
Auslaut für inlautendes *âw* eintrat, wo die nhd. Schriftsprache
gewöhnlich *au* hat:

grāō „grau" mhd. *grá,* ahd. *grâo,* flect. *grâwér.*

blāō „blau" mhd. *blá,* ahd. *blâo (blâwér).*

pāō „Pfau" mhd. *pfáwe,* ahd. *pfâwo,* agls. *páwa* und *peá.*

šrāō „mager", westerw. *schrá* „hässlich", bedeutet wohl ursprünglich „eingeschrumpft" und stellt sich zu an. *skrá*
„getrocknete Tierhaut"; vgl. ahd. *scrôtan,* Schade ² II. 807.
Vilm 369 f.

In *glāōv* „Klaue" hat sich im Gegensatz zu mhd. *klâ*
das *w* erhalten wie in der mhd. Nebenform *klâwe* zu ahd.
chlâwa.

Auf dem Einfluss des durch Contraction hinter das *a* ge-
tretenen *r* beruht wohl das *āō* in sg. *aōr* „Aehre", einem Wort,
das auch dadurch auffällt, dass es keinen Umlaut hat, während
doch im Ahd. die unumgelautete Form *ahir* obd., das umgelautete *ehir* frk. ist.

Ebenso auffällig ist sg. *γāōl* „bitter schmeckend", das zwar
mit hess. *gôl* (Vilm. 13), nicht aber mit ndl. *gal,* ahd. *galla*
lautlich übereinstimmt.

Andrerseits erhalten wir für erwartetes *āō* sg. ein *â* in
krâzə „unreifes Obst essen" mhd. *quâzen* „schmausen". Die
Bedeutung des czech. Stammworts *kras* (Jac. Grimm Gr. I ⁴, 169)

zeigt schon die Nuance des sg. Wortes, es bedeutet nämlich
„Sauerteig", „saurer Trank". cf. Schade² II, 693.

Eine merkwürdige Differenzirung hat stattgehabt in sg.
blastr „Strassenpflaster" und *blaõstr* „Wundpflaster", mhd. nur
pflaster, ahd. *pflastar*, entlehnt aus griech. *'έμπλαστρον*. cf.
Kluge⁴ 261.

In Uebereinstimmung mit der Schriftsprache ist bei den
Verben der vierten und fünften ablautenden Klassen das lautgesetzliche *aõ* des Plurals auch im Singular des Praeteritums
zur Herrschaft gelangt. So sg. *naõm*. pl. *naõmə* ahd. *nam*,
nâmum; sg. *maõz*, pl. *maõzə* ahd. *maz*, *mázum* etc.

Fast nie tritt sg. Verkürzung des urspr. *á* ein. Meistens
bleibt auch da, wo dieselbe in der Schriftsprache eintrat, die
Länge im Sg. unversehrt erhalten. So in: *blaõdrn* „Blattern",
laõzə „lassen", *braõχdə* „brachte", *gədaõχt* „gedacht".
Verkürzt wurde *aõ* nur in
jommr „Jammer" mhd. *jâmer*, ahd. *jâmar*, sowie in dem ad-
verbialen
əvorr? „nicht wahr?" genau so gebraucht wie das obd. *gelt?*
In dieser zusammengesetzten Partikel liegt als zweiter Bestandteil wohl zweifellos das ahd. neutr. *wâr* (Schade² II,
1094) zu grunde, dem irgend eine nicht mehr erkennbare Partikel oder gar Verbalform vorangeht.

Der Umlaut des *á* findet in den Denkmälern erst spät,
allgemein erst im 12. Jahrhundert, seine Bezeichnung. Es
ist dies wohl aus der relativen Festigkeit des langen Vocals
zu erklären, die viel grösser war als die der kurzen Vocale.
Da es ein Umlaut nach Analogie ist, so dürfen wir uns nicht
wundern, dass er zuerst in den ndfrk. Psalmen (Behaghel P. G.
I, 3, 563.) und md. viel früher eintritt als obd. (Weinhold, mhd.
Gr.¹ § 67; kl. mhd. Gr.² § 33.).

Der Lautwert des Umlautvocals war in mhd. Zeit, wie
die Schreibungen der Denkmäler zeigen, im Md. und Obd. ver-
schieden. Im Md. war er geschlossenes *é* (Weinhold, mhd.
Gr.¹ § 67), während das Obd. schon damals einen sehr offenen
ä-Laut zeigte, der heute zum Teil zum vollen *a* zurückgekehrt
ist. (Weinhold, mhd. Gr.¹ § 61.).

In nhd. Zeit scheint sich auch nfd. der Umlautvocal dem *á*
wieder zu nähern. So erhalten wir im Sg. ein *aē*, offenen
langen *e*-Laut, der genau jenem *āē* entspricht, welches als Umlautvocal des gedehnten *ǫ* eintrat. Es fallen demnach diese
beiden Umlautvocale ebenso zusammen wie ihre Grundvocale.

Beispiele:

grāēzə „eigensinnig weinen" (Heinz. pg. 31.) zu mhd. *grázen*
„leidenschaftlich erregt sein", got. *grêtan* „weinen". agls.
grœtan, greótan, an. *gráta.* Daneben ein Stamm mit kurzem
a in mhd. adj. *graz* „zornig", subst. „Leidenschaftlichkeit."

gnāērich „gnädig" von ahd. *gináda.*

hāēsbə „Thürhaken" agls. *hæsp, hæps.* Vielleicht ist in mhd.
haspe, ahd. *haspa* ein *á* anzusetzen.

šāēfr „Schäfer" von *šaôf.*

hāēbə „sichelartiges Instrument für die Haubergsarbeit", auch
obd. finden sich Formen mit *á* wie schwäb. *hâp (hôp)*; so ergibt sich mhd. *hápe,* ahd. *háppa.* Daneben Formen mit *a* in
mhd. *heppe.* ahd. *heppa.* Kluge [4] 144; Schade [2] ı, 372.

gāē „jähe", „steil" mhd. *gaehe,* ahd. *gáhi.* Die alte Bedeutung
„plötzlich" liegt noch vor im sg. *gāēhour* „Heisshunger".
Heinz. pg. 84.

bāē „bähen", „warme Aufschläge machen" zu mhd. *baen, baejen,*
ahd. *bájan, bâan.*

hāēxe „laut schreien" (vom Weinen kleiner Kinder) ist Intensitivbildung zu ahd. *bágan* „zanken", mhd. *bágen,* nhd. mundartl. *bägern.* Kluge [4] 16. Heinz. Wb. 9.

šāēml „Schemel" mhd. *schemel, schámel,* ahd. *scámal* ist ein
Lehnwort aus lat. *scamellum,* wo *a* in vulgärer Aussprache
lang gesprochen wurde.

šbāēnchə, dimin. von *šbaô,* besonders gebräuchlich in *šdrichšbāēnchə*
„Streichholz".

šāēər „Schere" ahd. *scári,* wahrscheinlich Pluralbildung zu *scár.*
cf. Kluge [4] 299.

māērich „märchenhaft", „ausserordentlich". mhd. *maere.* ahd.
mâri „glänzend", „herrlich" von ahd. *mâri* „Märchen".

In *hāēs* „sehniger Teil an den Beinen des Schlachtviehs"
muss sehr früh nach Ausfall des *h* Dehnung des urspr. *a* zu

á eingetreten sein. Es entspricht mhd. *hahse, hehse* und viele mundartlichen Bezeichnungen des Nhd. Schade² 1, 364.

Einen merkwürdigen Wandel von *è* zu *á* weisen schon in mhd. Zeit, und zwar besonders im Md., Praet. und Part. der beiden Verba *kéren* und *léren* auf, indem sie *karte, gekart* und *larte, gelart* bilden. (Weinhold, mhd. Gr. ¹ §§ 60. 56.). Weinhold schliesst aus den Reimen, dass *á* in diesen Formen zu *a* gekürzt worden sei. Dass sich aber, im Volksmund wenigstens, die alten Formen mit *á* erhalten haben, lehrt die sg. Mundart. Hier haben wir zu *kḗərn* die Formen *qaōərdə, gəŋaōərt, qaōər* „Kehre" (cf. Heinz. pg. 31.). *frqaōərt* „verkehrt", auch „übelgelaunt", „launisch", von *lāḗərn*, welches, wie schon mhd. *léren* das got. *laisjan*, ahd. *lérran* und ahd. *lêrnên* in sich vereinigt, die Bildungen *laōərdə, gəlaōərt, laōər* „Lehre", und zwar sind diese Formen ausschliesslich im Gebrauch.

Wohl zu unterscheiden von *kḗərn* ist sg. *kéərn* „fegen", durch Dehnung des Stammvocals aus ahd. *kęrren*, mhd. *kęrn* hervorgegangen. Contamination beider Verben ist eingetreten in *bəkéərn* „bekehren", welches im Infinitiv zu *kéərn* gestellt wurde. Es lässt dies wohl auf Entlehnung des Wortes aus der Schriftsprache schliessen. Im Part. und Praet. stehn beide Bildungen *bəkéərdə, bəkéərt* und *bəqaōərdə, bəqaōərt* neben einander; die letztern Formen werden endlich noch häufig in *beqôərdə, bəqôərt* entstellt, vielleicht in Anlehnung an Formen wie *hôərdə* zu *héərn*.

Das germ. ê.

Das germ. *ê*, dem auch got. ein *ê* entspricht, ist ein verhältnismässig sehr seltener Laut. Einen kleinen Zuwachs erhielt sein Bestand durch einige lat. Lehnwörter. (Behaghel P. G. 1, 3, pg. 563.).

Im Nd. blieb *ê* in and. Zeit unversehrt erhalten, eine Ausnahme scheint nur das Ndfrk. gemacht zu haben, dass *ie* dafür eintreten liess. Später liessen auch die meisten andern nd. Mundarten *ê* nicht unverändert, sondern diphthongirten es zu *ei*. Nur einige Dialekte der Nordseeküste haben *ê* bis heute bewahrt.

Im Hd. wird zunächst im 8. Jahrhundert *é* in der Schrift diphthongirt zu *ea*, welches sich dann in ahd. Zeit über *ia* zu *ie* entwickelt, das im Mhd. das allein herrschende ist. (Weinhold, mhd. Gr. [1] § 111; kl. mhd. Gr. [2] § 36.).

Dieses *ie* resp. *i* zeigen nun meistens auch die sg. Urkunden. So steht *hi* in 130, 140, 147 etc., *hie* in 266 u. a. Aber dieses *ie* müssen wir auf Rechnung der mhd. Urkundensprache setzen, in dem Munde des Volkes erhielt sich wie sonst rip. so auch sg. das germ. *é* unversehrt bis auf den heutigen Tag. Auch aus den Urkunden ist es noch nicht ganz verschwunden, denn wir haben *hee* sowohl in sg. Uk. 267 als auch in 288. Wiederum haben wir hier ein Beispiel, dass das sg.-rip. Idiom eine seiner nd. Eigentümlichkeiten besser bewahrt hat als das Nd. selbst. Eine Annahme, dass in mhd. Zeit *ie* im Sg. einmal vorhanden war, später aber wieder dem *é* wich, erscheint mir undenkbar. (cf. *ô*).

Die wenig zahlreichen Beispiele sind:
hé „hier" mhd. *hie, hier*, ahd. *hiar, hear*, agls. *her*, as. *hier, hir, hér*, got. *hér*. Aus dem md. *hi* erklären sich urk. Formen wie *hiüber* (sg. Uk. 305), *hibi* (193).

Fast verdrängt durch das der Schriftsprache entstammende *ei* ist sg. *ré*, das vielleicht der direkte Nachfolger des got. Instrumentalis *hé* ist. Solche Instrumentalformen sind wohl auch das ahd. *wea* und *wia*, die später zusammenfielen mit dem dem got. *hwaiwa* entsprechenden ahd. *hweo*. Das sg. Wort kann nicht Nachfolger jenes got. *hwaiwa* sein, denn es müsste dann, wie wir beim *ai* sehn werden, wenigstens im östl. Siegerland *réu* lauten. Ebenso wenig entspricht auch sg. *ré* dem gemnd. *wé* (Schade [2] I, 438.), dessen *é* seinerseits nicht auf urspr. *é* beruhen kann. Wir müssen also wohl in dem sg. *ré* einen letzten Rest des alten Instrumentalis annehmen. Auf urspr. *é* deuten auch die Schreibungen der sg. Urkunden: *wi* (140), *wee* (288).

Ein vor der hochdeutschen Diphthongirung von *é* herübergenommenes lat. Lehnwort ist das Wort *Brief*, sg. *bréf*, lat. neutr. *breve*, in vulgärlat. Aussprache *bréve* entsprechend. Ahd. haben wir *briaf, brief*, as. *bréf*. Die sg. Urkunden haben meistens *ie* (*i*): *briebe* (324), *brif* (195), *brife* (208) etc., daneben jedoch auch *i*: *brif* (130, 147), *bryff* (301), endlich auch *é*:

breff (152). In den Formen *breyf* (191; 269), *breif* (151) liegt
wohl die in den sg. Urkunden sehr häufig gebrauchte nd.
Schreibung von Diphthong für langen Vocal vor (cf. Behaghel P. G.
I, 3, pg. 565.). Wir hätten also auch hier *é* in der Aussprache
anzunehmen.

Ein auf urgerm. *iz* beruhendes *é* liegt vor in sg. *mêrə*
„mieten" von ahd. *mieta, miata*, as. *méda*, agls. *méd*, got. *miz-
dô.* cf. griech. μισθός.

Eine ganz beträchtliche Einbusse droht dem Bestand des
é im sg. Dialekt dadurch, dass bei den reduplicirenden Verben,
wo im Praet. sowohl im Mhd. als in der nhd. Schriftsprache
noch der lautgesetzliche Nachfolger von westgerm. *é*, das *ie*,
in Gebrauch ist, das zu erwartende *é* zwar noch vorhanden
ist, aber schon als archaische Form gilt, welche man lieber
durch ein moderneres *ô* ersetzt. Dass schon im Mhd. Ansätze
zu dieser eigentümlichen Entartung vorhanden waren, und wie
sie sich entwickelt hat, können mhd. Formen wie *huz* (Weinhold, mhd. Gr. [1] §§ 88, 343) und *gung* (ebendas. § 340) erweisen.
Befördert wurde diese unorganische Bildung vielleicht durch
Anlehnung der reduplicirenden Verba mit dem Stammvocal
a im Praesens an die 6. ablautende Klasse (got. Ablautsreihe
a ô ô a). Wir erhalten demnach im Sg. neben den entsprechenden Formen mit *é* als fast allgemein durchgedrungene Neubildungen: *fôl* „fiel", *hôl* „hielt", *hôz* „hiess", *lôf* „lief", *blôs*
„blies", *brô* „briet", mit Kürzung *fonk* „fing", *gou* „ging".

ruofen, sg. *rôfə* war schon im Mhd. zur schwachen Conjugation übergegangen (Weinhold, mhd. Gr. [1] § 342.), das Praet.
lautet auch sg. *rôfdə*, daneben selten noch *réf*, das Part.
immer *gərôfə*.

Das germ. î.

Das germ. *î*, dem idg. langen *i*-Laut entsprechend und im
Got. von Wulfila durch *ei* bezeichnet, beginnt in mhd. Zeit. zu-
nächst in Oesterreich und Bayern, sich in zwei Laute zu spalten.
Im 14. Jahrhundert hat diese Diphthongirung sich schon nach
Böhmen, Franken und Schlesien ausgebreitet. In der nhd.
Schriftsprache ist die Spaltung des *î* dann vollständig durchge-

gedrungen und geht so weit, dass die Schrift zwar meist *ei*,
die Aussprache aber überall *ai* hat.

Anders verhält es sich mit den Dialekten. Vollständige
Diphthongirung haben wir nur im Bayr.-Oestr., Obfrk., südl. Rip.,
Obsächs. und Schles. Das alte *i* ist im Wesentlichen erhalten
im Südalem. (Schweiz und Elsass) wie im ganzen Nd. Endlich
haben wir in den dazwischen liegenden Gebieten, im nördl.
Ripuarien, in Schwaben und in Thüringen einen Uebergangs-
status, indem sich hier nur Spuren der beginnenden Diphthongirung zeigen. (vgl. Behaghel P. G. 1, 3, pg. 565.).

Zu diesen letztgenannten Mundarten, deren Lautgestaltung
hier besonders von Interesse ist, gehört auch die siegensche.
Sie lässt nie *ai* eintreten und stellt sich so in einen scharfen
Gegensatz zum Hessischen und östl. Nassauischen, wo, wenn-
gleich die Diphthongirung zuweilen bei *ei* stehn blieb, der
Spaltungstrieb doch sonst so stark war, dass sogar unorganische
Diphthongirungen zu vermerken sind, z. B. in *aich* „ich".

Indessen ist dennoch die Zahl der erhaltenen *i* im Sg.
nicht gross, da *i* meistens der Verkürzung zu *i* verfiel. (Heinz.
pg. 31 f.).

Erhalten blieb *i* nur, wo Ersatz der Vocallänge durch Con-
sonantengemination nicht möglich war, also vor den weichen
Spiranten *s*, wenn es ursprünglich intervocalisch war, *r*, das sg.
aus germ. ð entstand, *r*, das auf *b* zurückgeht, und echtem *r*,
vor dem *iə* eintritt.

Beispiele:

isə „Eisen" ahd. *isan*, got. *eisarn*.

ris „Weise" ahd. *wisa*.

frəistrt „verstört", „stark erschrocken" (Heinz. pg. 32; Schmidt
pg. 292.), schon von diesen zu got. *usgeisnan* gestellt. Dazu
gesellt sich noch an. *geis* „gewaltsames Verfahren", *geisa*
„mit Wut hervorbrechen". Das sg. Wort ist vielleicht geeignet, die Ableitung von ahd. mhd. *geist* aus dieser Wurzel
gis-, *gais-* zu stützen. Schade² 1, 292; Kluge⁴ 108.

siər „lauter", „rein" as. *skir*, agls. *scir*, got. *skeirs*. Ein Compositum ist *siərênzich*, vielleicht aus *siər* und *ainzich*, mit
verstärkter Bedeutung. Kluge⁴ 301. Vilm. 350.

šbiɔr „Halm", „Haar" (Vilm. 393; Heinz. 76.) gehört vielleicht
· zu mhd. ahd. *spȫr.*

miɔr „wir" mit Uebergang von *w* zu *m*, der sich auch sonst
dial. findet; ahd. *wir*, got. *reis*. Schon mhd. *wir* hat *i* gekürzt. Weinh., kl. mhd. Gr. ² § 64.

rirr „Weiber", plur. von gekürztem *riff* „Weib", ahd. *wip*,
agls. *wif*. Ableitungen davon sind *rismënšɔ* u. „Weibsperson"
(städt. *ribsmënšɔ*). plur. *risli* „Weibsleute."

zwirl „Zweifel" ahd. *zwifal.*

blirɔ „bleiben" ahd. *biliban*, got. *bileiban*. (cf. *blârɔ* pg. 87).

rir „Reibeisen" zu *rivɔ* ahd. *riban.*

zirɔ „Zeiten", plur. von *zitt* „Zeit" ahd. *zit.*

ri „Weide", „salix" ahd. *wida.*

šnirr „Schneider" von *šnirɔ* ahd. *snidan*, got. *sneipan.*

Lat. Lehnwörter sind:

šbis nur noch „Maurerspeise", „Mörtel" ahd. *spisa*, mlat. *spêsa*
aus **spensa.*

si „Seide" ahd. *sida*, lat. *sêta.*

fiɔrn „feiern", *fiɔrdáχ* ahd. *firatag*, lat. *fêriae.*

Stand *s* im Auslaut und deshalb *i* in geschlossener Silbe
so tritt unter Verdopplung des *s* Kürzung des *i* zu *i* ein. Beispiele s. unten.

i bleibt auch in dieser Stellung erhalten in
ris „Reis", „Zweig" ahd. *ris*, *hris*. Hier erklärt sich *i* vielleicht
aus Einwirkung des sehr häufigen Plurals.

gris „greis" ahd. *gris* erklärt sich vielleicht aus Analogiewir-
kung des viel häufigern *grisich*. (s. die Suffixe).

In allen andern Stellungen wird *i* sg. zu *i* verkürzt unter
Verdopplung des folgenden Consonanten. Das so entstandene
i unterscheidet sich von dem germ. *i* durch grössere Constanz,
da es der Senkung zu *e* zu widerstehn vermag.

Beispiele:

ritt „weit" ahd. *wit.*

šitt „Scheit", auch weibl. Schelte, ahd. *scit.*

rizz „weiss", ahd. *wiz*, got. *hweits.*

iss „Eis" ahd. *is.*

rizze „reissen" ahd. *rizan*, as. *writan.*

risdə „Bund Flachs" mhd. *riste*, auch sonst nhd. dial. vorkommend. Schade [2] II, 718.

gnisdə „anklebender Dreck", bes. „Nasendreck" (Heinz. 100),
mhd. *gnist*, nhd. thür. hess. (Vilm. 211) tirol. *gneist*, zu *gnitan*
„fricare". Schade [2] I, 339.

gnipp „sichelartiges Messer" nnd. *knif*, thür. *knif*, engl. *knife*,
au. *knifr*. Obd. *kneif* und *kneip* stammen aus dem Nd.
Schade [2] I, 501. vgl. mhd. *gnippe* „Dolch".

siffə „Talschlucht mit durchsickerndem Wasser", auch in Orts-
namen wie *Dornsiffə*, *Boqqsiffə* etc., entspricht nnd. *sife*
(Schade [2] II, 760.), vgl. urk. *Sifen* (sg. Uk. 147.). Derselbe
Stamm liegt vor in nnd. *sifen* „tröpfeln", nnd. *sipen, sipern*.
afris. *sipa*, engl. *sipe*, nnd. *dáksipe* „Dachtraufe" (Heinz. pg. 80).
Dazu *särr* (pg. 87.).

sibblu „wälzen", „rollen", Iterativbildung zu ahd. *sciben*, mhd.
schiben.

hibbəz „penis" zu dem Stamm *hiw-* „heiraten", der vorliegt in
ahd. *hiwo, hiwi, hiwjan, hiwunga*, as. *hiwiski*. Die Verhärtung
des *w* zu *b* findet sich noch in nhd. *hibaere*, ahd. *hibári, hibárig*.
(Ueber das Suff. *-əz* s. die Suffixe). cf. hess. *hiller* Vilm. 168.,
hippet Vilm. 170. Zu demselben Stamm gehört jedenfalls
sg. *hisdə*, eine Schelte für ein erwachsenes Mädchen, gebildet
wie mhd. *hister* „heiratslustig" (Schade [2] I, 403) und im Sg.
behandelt wie *gnisdə, risdə* (s. o).

sdijjə „steigen" ahd. *stigan*, got. *steigan*.

dich in der Bedeutung dem nhd. nd. Lehnwort *Deich* entsprechend, während die Bedeutung des nhd. *Teich* ihm ganz
fremd ist, gehört zu nd. *dik*, ndl. *dijk*, agls. *dike*, engl. *dike*.
Davon vielleicht *ärich* „Canal". (s. bei den Compos).

kich in der Redensart *dr kich hä* „das Keuchen haben", „brust-
krank sein" entspricht mhd. *kiche* „Keuchen", „schweres
Atmen". Dazu gehört wohl das sg. *sech kichln* „sich nieder-
kauern". *off dr kichl setzə* „kauern". Die Grundbedeutung
ist also wohl die des Gebeugten, Zusammengekauerten. Nasalirung der Wurzel liegt vor in holst. *kinghosten*, ndl. *kink-
hoest*. Kluge [4] 168.

slichə „Regenwurm" ist hd. nur erhalten in nhd. *Blindschleiche*,
ahd. *blintslicho* von *slihhan* „schleichen". *Blindschleiche* ist
sg. unbekannt.

fill „Feile" ahd. *fila* aus *fihala.* Kluge [1] 81.

iln „eilen" ahd. *ilen.*

kimm „Keim" ahd. *chim, chimo.*

rimmcha „Gedicht" ahd. *rim,* agls. *rim* „Zahl".

rin „Wein" ahd. *win,* got. *rein.*

lin „Lein", „Flachs" ahd. *lin.*

grinncha „Kaninchen", westerw. *greinche, kreinche,* hess. *grein-hase* (Vilm. 136; Heinz. 32.) von ahd. *grinan* „die Zähne fletschen."

Ein lat. Lehnwort ist *gridda* „Kreide" mhd. *kride,* sp. ahd. *krida* aus lat. *creta.*

Fällt hinter ursprünglichem *i* schliessendes *n* aus, wie es im Dialekt von Hilchenbach geschieht, so wird *i* zum Ersatz wieder gedehnt: *mi* „mein", gemsg. *min*; *ri* „Wein", gemsg. *rin.*

Im äussersten Südosten des Siegerlands (so in Wilnsdorf) hat aus schliessendem *n* entstandenes *v* die Kraft, vorhergehendes aus *i* verkürztes *i* zu *ë* zu brechen; z. B. *mëv, dëv, rëv* etc. vgl. die franz. Aussprache von *-in.*

Ganz besonders interessant gestalten sich die Lautverhältnisse des Sg., wenn germ. *i* im Inlaut vor Vocal oder im Auslaut stand, denn hier können wir den langen Vocal in seinen ersten Schritten auf dem Wege der Diphthongirung beobachten. Auszugehn ist dabei von der Stellung des *i* vor Vocal.

Wie suffixales *j* hinter vocalischen Stämmen im Mhd. sehr häufig schwand (cf. Weinhold, mhd. Gr. [1] § 221; kl. mhd. Gr. § 95), so wurde andrerseits nicht selten aus langem Vocal vor Vocal eine Spirans entwickelt, welche zur Vermeidung des Hiatus diente. Dass diese Spirans lediglich zur Beseitigung des Hiatus verwandt wurde, ist auch der Grund dafür, dass *j,* mochte es nun ursprünglich suffixal oder aber aus langem Vocal hypostasirt sein, besonders im Md. nicht selten in die labiale Spirans *w* übergehn oder auch sich zur palatalen Gutturalis *g* verhärten konnte. (Weinhold, mhd. Gr. [1] § 206; kl. mhd. Gr. [2] § 90). Letztere Erscheinung findet sich auch im Nd., und das dem Sg. benachbarte Westfälische weist sie noch heute auf. (Heinz. 32 f.).

Im Sg. geht nun unter nd. Einfluss diese Entwicklung

einer Spirans zwischen *i* und folgendem Vocal regelmässig vor sich. Indessen wird hier durch die Spirantenentwicklung aus dem *i* der übrigbleibende vocalische Bestandteil des langen Vocals dermassen geschwächt, dass er von dem hoch articulirten *i* zu tiefem, offenem *ë* herabsinkt. Da nun die Spirans halbvocalischen Charakter zeigt, so ergibt sich als Vertreter des *i* ein *ëi̯*, ein unechter Diphthong, der ungefähr die Mitte hält zwischen dem vollen hessischen Diphthong *ai* und dem in seinem letzten Bestandteil durchaus consonantischen westfälischen *ig̯*. Dieser Zwitterlaut *ëi̯* ist auch sonst im Ripuarischen nicht selten und ist etwa zu vergleichen mit jenem *ɔi*. das der schwäbische Dialekt für germ. *î* bietet. (Weinhold. mhd. Gr. ² § 105 ff.).

Wie nun das Sg. in der Entwicklung des *i* nach dem Diphthong dem Hd. mehr entgegenkommt als z. B. das nd. Westfälische, so ist diese eigenartige Behandlung des *i* im Sg. auch zu weiterer Verbreitung gelangt als im Nd. Wir haben nämlich das sg. *ëi̯* auch im Auslaut, wo das Westfälische und andre nd. Mundarten das *i* unversehrt erhalten. Hier müssen sich zunächst, je nachdem das folgende Wort mit Vocal oder mit Consonant anlautete, Doppelformen ergeben haben, wobei das Sg. die der hd. Entwicklung am nächsten stehende, das Nd. die entgegengesetzte Form als allgemein gültig annahm.

Zur Illustration der sg. Lautverhältnisse und ihrer Stellung zu den Nachbardialekten mag ein Wort dienen, dass auch Heinz. (pg. 33) zu diesem Zweck benutzt. Es ist das sg. *frëiᵊrëi̯* „Brautwerbung“, wofür wir hess.-nass. mit vollem Diphthong *fraierai*, westf. aber mit verschiedener Entwicklung in Inlaut und Auslaut *friggerî* haben.

Dass diese sg. Lautentwicklung noch verhältnismässig jung ist, erhellt daraus, dass die Urkunden, soweit sich dies bei der Seltenheit der Fälle beobachten lässt, noch durchgängig unversehrtes *i* zu haben scheinen. Das Zahlwort *drei* tritt wenigstens noch überall in den Urkunden als *dri, drŷ* auf.

Doch auch so schon ist die Behandlung des *i* im Sg. in der Stellung vor Vocal interessant genug, um noch einmal im Zusammenhang vorgeführt zu werden. Die Uranfänge der Diphthongirung des *i* liegen demnach in der Entwicklung eines halbvocalischen Spiranten aus dem langen Vocal, der zunächst nur zur Vermeidung des Hiatus dienen soll. Darauf erfolgt Senkung des übrigbleibenden vocalischen Bestandteils des *i*, während die Spirans *i̯* ihre hohe Articulation beibehält, und der Diphthong ist in seinen Anfängen geschaffen. So weit geht die Entwicklung im Sg. Nun kann die Diphthongirung weiter schreiten, indem sich der erste Bestandteil des Doppellauts noch mehr von seiner ursprünglichen palatalen Articulation entfernt und ganz zu *a* wird, während die ursprüngliche Spirans *i̯* allmählich dem vollen Vocal *i* sich nähert und dem *a* ganz gleichwertig wird. Und wie an Intensität, so gewinnt die Diphthongirung auch an Verbreitung, bis schliesslich jedes *i* ihr verfallen ist. Diesen Stand haben denn auch schon viele hd. Mundarten erreicht. Mag auch im Einzelnen die Diphthongirung des *i* nicht überall genau in dieser Weise verlaufen sein, sicher ist doch, dass sie im Inlaut vor Vocal zuerst auftritt, und dies wird auch durch viele andre Dialekte bestätigt. cf. Behaghel P. G. I, 3, 565.

Beispiele:

drë̯i „drei" mhd. ahd. *dri*, got. *preis. In der Zusammensetzung *druzə* „dreizehn" ist der Rest des alten neutralen *driu*, nd. *drû* erhalten, den das schon als Compositum empfundene *drë̯i honnrt* nicht mehr zeigt. Die Urkunden haben die neutrale Form noch in beiden Fällen; sowohl *druzenhundert* (276; 324; 290) als auch *druhundirt* (266; 288; 309), *drühundert* (302; 311), daneben allerdings auch schon *dryhundert* (332), *drihundert* (260; 268), während sich bei 13 eine solche Form nicht zeigt. 30 ist sg. *drizzich* ahd. *drizug*, urk. *drizegisten* u. ä. (188; 191; 193; 211.).

brë̯i „Brei" mhd. *bri*, *brie*, ahd. *brio*, ndl. *brij*, agls. *briw*.

vë̯i „Weihe", *hônrrë̯i* „Hühnerhabicht", mhd. *wie* ahd. *wie* aus *wijo.

së̯i „Seihe", dimin. *së̯ilchə* „kleiner geflochtener Korb", zu mhd. *sihe*, ahd. *siha*.

rë̯i „Reihe" mhd. *rihe*.

dë̯iə „gedeihen" ahd. *dihan*, got. *peihan*.

glë̯iə „Kleien" mhd. *klie*, *klien*, ahd. *chlia*, *chliwa*, mnd. *clige*.

bë̯il̯ „Beil" mhd. *bihel* neben *bil*, ahd. *bihal*, *bial*.

Ein lat. Lehnwort ist sg. *rë̯ir* „Weiher" mhd. *wiwer*, ahd. *wiwâri*, *wiâri* aus lat. *vivarium*.

Eine Ausnahme macht scheinbar *bi* „bei". Hier liegt aber

5*

nicht urspr. *i* sondern spätere Dehnung von *hi* zu *hî* vor, wie
schon Heinz. pg. 33 sah. cf. Weinhold, kl. mhd. Gr. § 26. Kluge[4]
23. Merkwürdig ist allerdings die Dehnung zu *i*.

Im alleräussersten Südosten, an der Grenze des Südfrk.,
tritt auch da, wo sonst *i* als Länge erhalten bleibt, das *ij* ein,
ein Beweis, dass es die Vorstufe zur Diphthongirung ist. Wir
haben also hier *ijsə* „Eisen", *šijr* für gemsg. *šiər*, *blijrə*
„bleiben", *šnijrə* „schneiden" etc.

Das germ. ô.

Die Entwicklung des germ. *ô* geht zwar im Ganzen doch
nicht in allen Einzelheiten parallel der des germ. *î*.

Von der Mitte des 8. Jahrhunderts an erscheinen in der
Schreibung obd. Literaturdenkmäler für germ. *ô* Diphthonge.
Zunächst sehn wir in alemannischen Texten *oa*, später *ua*,
nach 900 allgemein *uo* geschrieben. Gleichzeitig hat auch das
Bair. die Schreibung *uo* eingeführt, ohne dass sich hier jedoch
jene Zwischenstufen der Entwicklung nachweisen liessen. Von
den fränkischen Mundarten hat nur der südliche Teil des
Südfrk. (Otfrid) das alemann. *ua*, während in den meisten
andern frk. Denkmälern schon seit Ende des 8. Jahrhunderts
uo herrscht. cf. Braune, ahd. Gr.[2] §§ 38 ff. In mhd. Zeit endlich tritt in den meisten md. Dialekten, so in der Wetterau,
Thüringen, Meissen, Schlesien an Stelle des *uo* ein *û*, das auch
in der nhd. Schriftsprache fest wurde. (Weinhold, mhd. Gr.[1] § 87).

Auf diesem Wege von dem germ. *ô* zu dem nhd. schriftsprachlichen *û* sind die ahd. mhd. Schreibungen *oa*, *ua*, *uo*
die Zwischenstationen. Diese Laute waren aber nicht, wenigstens nicht zu allen Zeiten, echte Diphthonge, in denen beide
Vocale gleich berechtigt gewesen wären. Träger des Accents
ist vielmehr nur das *u*, das daher auch bald zu *û* wurde; der
zweite Vocal, ehemals allerdings dem *u* gleichberechtigt und
wie dieses aus dem circumflectirten germ. *ô* hervorgegangen,
verlor sehr früh den Accent und sank zu einem blossen Nachschlag herab. Aehnliche Nachschlagvocale sind uns im Sg.
schon öfter begegnet und werden uns auch später noch be-
schäftigen. Sie bilden sich stets wenn ein hochtoniger langer
Vocal in einen andern übergeht. Jenen Nachschlag des sich aus

dem ó bildenden ú würden wir heute etwa allgemein mit ∘ bezeichnen. die Verschiedenheit seiner schriftlichen Darstellung im Ahd. hat für die Sprachgeschichte wenig Interesse und ist nur von Bedeutung für die Trennung der ahd. Dialekte. welche den nachschlagenden Vocal bald breiter (alem. ua), bald weniger breit (uo) sprachen. Der allgemein herrschende Trieb nach Verengung, der diese ganze Bewegung des germ. ó bewirkt hatte, liess dann später die engste Form uo allgemein werden. bis schliesslich im Ostmd. das o ganz im u aufging. Dieser Charakter des ahd. uo macht es klar, dass der Laut. wo er vorkam, immer zu ú notwendig führen musste. Die Mundarten also, welche heute ein ó für germ. ó aufweisen. können ein uo nie gehabt haben. Wir müssen hier vielmehr ununterbrochenes Leben des alten ó wenigstens im Volksmund annehmen. Ist doch ó auch aus den Schriftdenkmälern nie ganz geschwunden und in Ripuarien, an der Mosel und an der Lahn sogar ziemlich fest. (Weinh., mhd. Gr. ᵗ § 77). Wenn aber in den mittelalterlichen Texten auch dieser Gebiete für germ. ó ein uo oder ú erscheint, so ist das lediglich Einfluss der mhd. Urkundensprache, die ja auch in bair. Denkmäler das nd. ú eingeschmuggelt hat. (Weinh.. mhd. Gr. ᵗ §§ 75, 77, 131).

Auch im Nd. haben wir zwei verschiedene Entwicklungen. Während das As. nach Ausweis der Literatur ó unversehrt erhielt und es erst neuerdings in einigen Dialekten wie im Westfäl. zu au diphthongirte (Heyne, as. u. andfrk. Gr. pg. 7; Gallee, as. Gr. pg. 16; Behaghel P. G. ᵗ, 3, 563). haben die wenig zahlreichen andfrk. Texte. wie die hd., uo, das, im Mndl. oe (ue) geschrieben (Franck, mndl. Gr. pg. 28 ff.; Heyne a. a. O. pg. 15). in der heutigen Aussprache des Nndl. ú geworden ist. Auch hier fehlen Schreibungen mit ó nicht.

Dass die in der schriftlichen Darstellung vorhandene Spaltung des ó in uo nie eine richtige Diphthongirung sondern lediglich der Ausdruck einer nach Zeit und Ort verschiedenen, doch durch die Geschäftssprache zum Ausgleich gebrachten, sich sehr langsam vollziehenden Tonerhöhung des alten ó war, die allein der circumflectirenden Aussprache des ó ihre Vollziehung verdankt, zeigt der Umstand, dass sich ó in nebentonigen Silben sowohl hd. als andfrk. erhielt. (Weinh.. mhd. Gr.ᵗ §§ 75, 77; Heyne, as. u. andfrk. Gr. pg. 15).

Zu den Dialekten. welche *ò* bewahrten, gehört auch das
Sg. Zwar haben die sg. Urkunden meist auch das *uo* resp.
ū der Geschäftssprache, doch fehlt auch *ò* nicht ganz. Das
zeigen Schreibungen wie *zò* (152). *zeò* (310), *dòn* (324), *bròder*
(266) u. a. Auch nd. diphthongische Bezeichnungen wie *doen*,
goede (152). *doin* (245. 288). *doenn* (301) etc. dürfen wir als
Zeugen für *ò* in Anspruch nehmen.

Beispiele:

môt „Mut“ ahd. *muot*, got. *mōþs*.

môs „Mus“, bes. „Gemüse“ ahd. *muos*, as. *môs*. Davon *sûərmòs*
„Sauerkohl“, *grêmòs* „Grünkohl“.

ròst „Russ“, mit auslaut. *t*, ahd. *ruoz*, ndl. *roet* „Russ“. Kluge[1]287.

gròv „Grube“, „Bergwerk“ ahd. *gruoba*, got. *gròba*.

òvr „Ufer“ mhd. *uover*. agls. *òfer*.

ròfə „rufen“ ahd. *ruofan*, as. *hròpan*. cf. pg. 61.

ròᶾ „Ruhe“ ahd. *ruowa*, agls. *ròw*.

blòχ „Pflug“ ahd. *pfluog*, agls. *plòh*.

dòχ „Tuch“ ahd. *tuoh*, as. *dòk*.

šò „Schuh“ ahd. *scuoh*, got. *skòhs*.

qò „Kuh“ ahd. *kuo*, as. *kò*.

pòl „Pfuhl“ mhd. ahd. *pfuol*, agls. *pòl*.

blòm „Blume“ ahd. *bluoma*, got. *blòma*.

hū „Huhn“ ahd. *huon*, as. *hòn*.

Abweichend von der Schriftsprache hat das Sg. alte Länge
bewahrt in

mòrr „Mutter“ ahd. *muotar*, as. *mòdar*.

fòrr „Futter“ ahd. *fuotar*, agls. *fòdor*.

gròməṭ „Grummet“ mhd. *gruonmât* wollen wir auch hier nennen.

Dagegen haben wir auch sg. Verkürzung in *mǫᴢᴢə* „müssen“
ahd. *muozan*, got. *ga-mòtan*.

In der Zeitpartikel *dò* „damals“ haben wir im Sg. für *ò*
gewöhnlich ein *ū*, also meistens *dū*, *dāmaòls*. Schon in mhd.
Zeit war „*dū* im Md. geradezu Regel“ (Weinhold, mhd. Gr. [1]
§ 88). Urk. haben wir *dū* (123); vgl. Schade[2] 1, 106.

Auch ursprüngliches *ò* unterlag dem Umlaut durch vorhanden gewesenes *i*, *j* des Suffixes. Der lautgesetzlich er-
wartete Umlautvocal *òe* ist jedoch im Md. unbeliebt. Das zeigen
sehr viele md. Mundarten dadurch, dass sie dem Umlaut über-

haupt widerstreben. resp. ihn nicht schriftlich bezeichnen. (Weinhold, mhd. Gr. [1] § 82). Der siegener Dialekt lässt für *oͤ* den entsprechenden hellen Laut *e͂* eintreten, nur im Westen (Freudenberg) und Norden (Ferndorf) ist *oͤ* möglich.

Beispiele:

hêrǝ „hüten“ ahd. *huoten*, as. *hòdian*, agls. *hêdan*.

mé „müde“ mhd. *müede*, ahd. *muodi*, as. *mòði*, agls. *mêðe*.

drês „Drüse“ mhd. *drüese*, *druose*, ahd. *druosi*.

sézǝ „süss“ ahd. *suozi*, as. *swôti*, agls. *swêti*.

dést, *dét*, 2. u. 3. Pers. Sing. Ind. Praes. von *dò*, *dùo* „tun“ ahd. *tuon*, as. *dôn*. Die ostsg. Infinitivbildung *dùo* ist wohl durch falsche Analogie nach *šdaô* und *γãò* gebildet, wo *ào* lautgesetzlich ist. (pg. 56).

êvǝ „üben“ ahd. *uoben*, as. *ôbian*.

dévrn „drüben“, auch mit Vocalkürzung *dǝrrn*, hat merkwürdige Metathesis des *r*, die, wie es scheint, durch Unbeliebtheit von Cons. + *r* im Anlaut hervorgerufen ist, vgl. *šawk* zu *Schrank* (s. pg. 14)

blê „blühen“ mhd. *blüejen*, ahd. *bluojan*.

brê „Brühe“ mhd. *brüeje*. Es gehört zu *brê* „brühen“, das sg. auf dem Land sich auch für „brennen“ eingebürgert hat, während man in der Stadt *brênn* aus der Schriftsprache herübernahm.

glèjr „klüger“, Compar. zu *glòχ* mhd. *kluoc*.

séchst, *sécht*, 2. u. 3. Pers. Sing. Ind. Praes. zum Inf. *sòχǝ*, *séchǝ*. Die letztere Infinitivform, gebraucht auf dem Lande, ist wahrscheinlich die echte sg. Lautform; sg. st. *sòχǝ* beruht wohl auf Einfluss der Schriftsprache. Dem umgelauteten *séchǝ* entspricht got. *sòkjan*, as. *sòkian*, agls. *sécan*, während im Hd. umgelautete Formen selten sind. Die md. Formen ohne Umlaut haben wohl hier die Bildungen *süchen*, *svéchen*, die sich allerdings auch finden, verdrängt.

kél „kühl“, mhd. *küel*, ahd. *chuoli*.

drél „trübe“ ist eine eigentümliche Bildung, deren Verhältnis zu mhd. *trüebe*, ahd. *truobi*, agls. *dròf* nicht klar ist.

kémlǫalf „Kuhkalb“ ist ein tautologisches Compositum, dessen erster Bestandteil wohl unzweifelhaft ein dimin. von *qô*, mhd. ahd. *kuo* ist. Wie die urverwandten Wörter zeigen, schloss der Stamm dieses Wortes ursprünglich mit *r*. Ein Diminutiv mit dem Suffix -*ila* lautete daher nach Abwerfung des Flexionsvocals *qôril, im Sg. *kêrl. Nun ging hier wie in sg. *miər* zu hd. *wir* das *r* in *m* über, was auch sonst dial. häufig ist (Weinh., al. Gr. § 168); so entsteht *kêml̥*, wofür sonst dial. *kuose, küese* vorkommt. (Schade² I, 525). cf. Schmidt 95 u. XII.

gré „grün“ mhd. *grüene*, ahd. *gruoni*, agls. *grêne*.

Verkürzung des Umlaut-*ê* vor gedecktem Nasal haben wir in sg. *hęnkl̥* „Küchlein“, dimin. von *hộ* „Huhn“. Auch andre westmd. Mundarten haben eine Bildung *hünkel*, wofür obd. *hüenli*, nd. *küken*, ahd. *huonichli* steht. Kluge⁴ 193. Schade² I, 432.

In einem Fall hat auch das Sg. nach omd. Weise germ. *ô* zu *ú* erhöht, nämlich vor *r*, wobei sich aber das nachschlagende *ə* wie immer vor *r* erhalten hat:
švûər „Schwur“ ahd. (*eid*)*swuor*.
šnûər „Schnur“ ahd. *snuor*, ndl. *snoer*. Davon sg. *šnaqqəšnûər* „Peitschenschnur“, die wegen der Schnelligkeit ihrer Bewegungen beim Knallen mit der Peitsche von dem nd. *schnake*, agls. *snacu*, mhd. *snâke*, einem sagenhaften, schlangenartigen Tier von grosser Schnelligkeit, (Schade² II, 836; Kluge⁴ 311), ihren Namen erhielt. *šnuər* ist sg. masc. u. fem., *šnaqqəšnûər* masc.

Der Umlaut dieses *ûə* ist *iə*: *šviər* Opt. Praet.; *šniərchə*.

ô zeigen im Sg. lautgesetzlich die ablautenden Verba der VI. Klasse im Ind. Praet., während im Opt. Praet. der Umlaut *é* steht. So *mòl — mél*; *ròš — véš*; *šlòꝝ — šléj*. Vor *r* steht natürlich *ûə* resp. *iə*: *fûər — fiər*.

Ueber das *ô* der urspr. reduplicirenden Verben s. pg. 61.

Eine eigentümliche Behandlung erfuhr schon im Ahd. und Mhd. das *ô* im Femininum der Zweizahl, got. *tvôs*, indem hier gewöhnlich auf dem ganzen nd. Gebiet *ô* wider die Regel erhalten blieb. Vielleicht hatte man dieses *ô* als ein monophthongirtes *au* aufgefasst, wozu ja die Monophthongirung des *ai* in ahd. *zwêne*, dem zugehörigen Masculinum, aus got. *tvái* sehr leicht verleiten konnte. Dieser Auffassung entspricht denn auch die Entwicklung im sg. Dialekt. Im südöstl. Siegerland, auch in Eisern, lautet das Femininum der Zweizahl nämlich *zróə*; *óə* ist aber in diesem Gebiet nicht das ursprüngliche *ô* sondern der Nachfolger des *au*, wie wir später sehn werden. Auch hier ist demnach eine falsche Auffassung des *ô*-Lautes anzunehmen, die im östl. Siegerland auch noch dadurch begünstigt wurde, dass das hier lautgesetzlich das ahd. *zwéne* vertretende masc. *zvéə* als Umlaut eines zugehörigen femin. *zróə* gelten konnte. Auch das sg. st. *zró* kann man so auffassen, freilich könnte hier *ô* auch auf germ. *ô* beruhen, da hier germ. *ô* und monophthongirtes *au* oft zusammenfielen. vgl. Weinh., mhd. Gr.[1] § 75; kl. mhd. Gr.[2] § 39.

Das germ. û.

Die Entwicklung des germ. *û* geht in allen hd. Dialekten der des germ. *i* völlig parallel. Was daher über die Behandlung des *i* im Hd. wie im Sg. gesagt wurde, gilt auch von dem *û*. So begann auch beim *û* die Gunirung im Bair. und breitete sich von da nach Norden aus. Ebenso zeigt das germ. *û* der heutigen Dialekte ganz dieselbe Behandlung wie das *i*. Behaghel: P. G. I. 3. 565; Weinh., mhd. Gr.[1] §§ 85, 99; kl. mhd. Gr.[2] § 42.

Auch *û* ist im Sg. nur erhalten vor den vier weichen Spiranten: urspr. intervocalischem *s*, aus *ð* entstandenem *r*, aus *b* gebildetem *v* und dem urspr. *r*. (Heinz. pg. 33). Vor echtem *r* steht wieder *ûə*.

Beispiele:

sûəə „sausen" mhd. *sûsen*, ahd. *sûsôn*. Daneben steht in gleicher Bedeutung eine wohl onomatopoëtische Neubildung *šnûsə*, der im Anlaut nhd. *schnurren* entspricht.

lûsich „auf leichte Weise", „mit wenig Opfern", formal adj. Bildung zu mhd. ahd. *lûs*, sg. *luss*. Die sg. Bedeutung ist vielleicht geeignet, die Grimmsche Ableitung des Wortes *lûs* von der Wurzel *lus-* „verlieren", sg. *frlêsə*, *frlôrn*, die ja auch an griech. φϑίω zu φϑίρω eine Stütze hat, zu bestätigen. Aehnlich stellt sich vielleicht sg. *qûsə* „hinwerfen", „nieder-„schmettern" zur Wz. *kus-*, welche vorliegt in mhd. ahd. *kus*, vb. *kusjau* „küssen“, die in dieser Bedeutung im Sg. fehlen. Die Bedeutungsentwicklung hätte eine Analogie an sg. *šmatzɔ* „schmettern“ zu nhd. mundartl. *Schmatz* „Kuss“.

hûrrrich „häutig“, „von häutiger Beschaffenheit“ von sg. *hutt* mhd. ahd. *hât* „Haut“.

sûrrn „schwatzen“, davon *sûrrrich*, *sûrr̨dębbɔ* „Schwätzer“, entspricht der Bildung nach genau dem mhd. *swadern, swatern.* das uns im Nhd. noch in der romanisirenden Ableitung *schwadroniren* geläufig ist. Dazu gehört das sg. subst. *švatt* „Rede“, „Gerede“. wozu mhd. *swatz, swętzen*, nhd. *schwatzen* zu vergleichen sind. Auch im Sg. ist eine Neubildung *švätzɔ* vorhanden. Diese letztgenannten Formen haben ein dentales Suffix. Schwierig ist es nun, zu sagen, wie die beiden Stämme *sap-* und *srap-* sich zu einander verhalten. In dem Stamm *srap-* scheint eine Metathesis des *r* stattgefunden zu haben, so dass es zurückginge auf *sarp-, saup-* (s. sg. *qòɔdrn* pg. 89). Diese Wurzel *saup-* liegt uns im Gotischen wirklich vor in dem fem. *sáupa*, mit dem Wulfila das griech. λόγος übersetzt. (1. Cor. XV, 2: *in hô saupô* = τίνι λόγῳ; cf. Schade ² ii, 747). In *saup-* liegt nun die Gunastufe zu *sap-* vor. ersterm entspricht got. *sáupa*, letzterm sg. *sûrrn.*

dûr „Taube“ und „Daube“, also = ahd. *tûba*, got. *dûbô*, wie auch = an. *þûfa*, [mhd. *dûge*].

drûrl „Stachelbeere“, nicht „Weintraube“, mit demselben Suffix, das in dem pg. 56 besprochenen *braòml* vorliegt. abgeleitet von ahd. *trûba*. mhd. *trûbe.*

šûr „Regenschauer“, „dunkle vereinzelte Regenwolke“ entspricht der Bildung nach ahd. *scûwo*, (Gen. Dat. Sing. *scuwen* bei Tat. 21, 12; 4, 18). „Schatten“, agls. *scûwa, scûa* (Schade ² ii, 815 f.), got. *skuggwa.* Andre Ableitung zeigt mhd. *schûr, schûwer*, ahd. *scûr* „Unwetter“, „Hagel“. Anders Heinz. pg. 69.

bûr „Bauer“ mhd. *gebûr*, ahd. *gibûro.*

šûɔrn „vor dem Regen Obdach suchen“ (Heinz. pg. 33), urk. *schûren* „schützen“ (sg. Uk. 322). zu mhd. *schûr*, ahd. *scûr* „Obdach“ (cf. Schade ² ii, 814). Umlaut hat sg. *šûr* „Scheune“ mhd. *schûre*, ahd. *scûra* aus *scûrja*. cf. Vilm. 373. 348.

dûɔrn „dauern“, *bɔdûɔrn* „beklagen“ zu mhd. *tûren*. Das nhd. Wort hat nd. Anlaut.

dûər eigtl. „Dauer". „Zeitdauer", daher *ɐ dûər* „eine Zeit lang",
von mhd. *dûren* ist lat. Lehnwort (lat. *durare*) ebenso wie
mûər „Mauer" ahd. *mûra*, lat. *murus*.

Stand *s* ursprünglich schon im Auslaut, so tritt auch hier
unter Verdopplung des *s* Verkürzung des *û* ein. Beispiele s.
unten.

Vor allen andern Consonanten wird ebenso wie das *i* auch
das *û* verkürzt. Auch das so entstandene *u* vermag wie *i* der
Senkung zu widerstehn, der das ursprüngliche *u* zum Opfer fiel.

Beispiele:

brutt mhd. ahd. *brût*, got. *brûþs.*

ruddə „Raute", dann auch „Fensterscheibe", mhd. *rûte*, ndl.
ruit.

snuddə „Schnauze", „Ausguss an einem Gefäss" entspricht nd.
snûte, ndl. *snuit.* Dazu gehört mhd. *snûzen*, nhd. dial.
schnaussen „saugen", „naschen", während nhd. *Schnauze* eine
unorganische Bildung ist. cf. Kluge [4] 311. Vilm. 365.

quddə „Loch", „Vertiefung", hess. *kaute*, westerw. *kaut* (Heinz.
pg. 34), sehr häufig in Orts- und Grubennamen, stellt sich
vielleicht zu md. *cûle* „Grube", „Gruft". Ist dieses aus *kûdla*
entstanden, so ist es nicht unmöglich, beide Wörter gemeinsam auf gr. κεύθω zurückzuführen.

fust „Faust" mhd. ahd. *fûst*, ndl. *fuist.*

lustrn „lauschen", westerw. *laustern*, bair. *laustern*, entspricht
mhd. *lûstren*, ahd. *lûstrén.*

muss „Maus" mhd. ahd. *mûs.*

gruss „kraus" mhd. *krûs.* Die alte Vocallänge ist erhalten in
dem davon abgeleiteten umgelauteten *grisln* „kräuseln".
Das sg. Wort hat auch noch die alte Bedeutung „zornig"
wie mengl. *crus*, ndl. *groes.*

bušə, masc., nicht fem., wie Heinz. pg. 33 behauptet, „Bund
Stroh", hess. *bausch* (Vilm. 29) entspricht mhd. *busch*, ahd.
pûsk „Wulst". Davon *sęch bušə* „sich bauschen". cf. Heinz.
Wb. 39.

rubbə „Raupe" ahd. *rûpa*, *rûppa.*

suffə „saufen" mhd. *sûfen*, ahd. *sûfan.*

gruffɔ „kriechen“ entspricht genau md. *crûfen* (Schade², I. 517),
vgl. agls. *creópan*, ndl. *kriupen*, an. *kriupa*.

suᵽᵽɔ „saugen“ mhd. *sûgen*, ahd. *sûgan*, iterat. *suᵽᵽln*.

šäluχɔ eigtl. „Muff“, „Pulswärmer“, dann auch „kleiner unansehnlicher Mensch“, mhd. *stûche*, ahd. *stûcha* „Muff“, „weit
herabhängender Aermel“, an. *stûka*. Kluge ⁴ 339.

luχɔ (plurale tantum) „Lauch“ ist unklar in seinen Beziehungen
zu mhd. *louch*, ahd. *louh*. Dem Vocal nach entspricht den ahd.
Formen genau sg. *lauf* in *bêslauf* „Schnittlauch“, doch ist
hier Labialismus des Conson. eingetreten; vgl. fdf. *gôuf*
„Schelm“, „Narr“ zu mhd. *gouch*. Heinz. pg. 104; Wb. 19.

brumm „Pflaume“ mhd. *pflûme*. Sehr viele md. Dialektformen
sowohl als auch ndl. *pruim* sowie spät ahd. *pfrûma* haben
den Anlaut des lat. Mutterworts erhalten. Dagegen hat
auch agls. *plûme* schon *l.* Kluge⁴ 261. Heinz. 60; Wb. 38.

rummɔ „räumen“, nicht nur transitiv, sondern auch intrans.,
z. B. *ŋ ârɔt rumt mŗ* „eine Arbeit geht mir von statten“.
Der Bildung nach entspricht mhd. *rûmen*, ahd. *rûman*.

mull „Maul“, auch für „Mund“ eingetreten, mhd. *mûl*, ahd.
mûla f. Davon *sŗch muln* „ein grosses Maul haben“. Sg.
ist wohl davon geschieden *mǫll* „Maulwurf“, das in der
Schriftsprache von *Maul* abgeleitet erscheint. Das Sg. bewahrte den alten Vocal von ahd. *moltwërf.* Dem sg. *mǫll*
stehn am nächsten mengl. *mole*, ndl. westf. fries. *mol*. cf.
Kluge⁴ 226. (Ueber das *ǫ* in *mǫll* s. pg. 51.)

bruʋ „braun“ mhd. ahd. *brûn*.

zuʋ „Zaun“ mhd. *zûn*, agls. *tûn*, sg. gleichlautend mit *zuʋ*
„Zunge“.

Auch ursprünglich im Inlaut vor Vocalen und im Auslaut
stehend entwickelte sich *û* genau ebenso wie *î*. Auch hier
haben wir im Inlaut vor Vocalen Spirantenentwicklung, man
vergleiche z. B. die Formen ahd. *bûan*, *trûen*, mhd. *bûwen*, *trûwen*, dazu die nd. Bildungen ndl. *vertrouwen*, agls. *bûgjan* und
westf. *bugge.* Die entwickelte Spirans war nicht, wie Heinz.
pg. 35 angibt, eine palatale, sondern, dem velaren Charakter des
u entsprechend, eine velare, die im Uebrigen der palatalen
Spirans *j* durchaus parallel ist.

Auch beim *û* wird durch Abzweigung dieser Spirans aus

dem langen Vocal der letztere so sehr geschwächt, dass er von *u* zu *o̦* gesenkt wird, so dass wir für *û* ein *o̦u* erhalten, genau entsprechend dem *ẹ̈i̦* für *î*. Auch hier verbreitet sich diese Entwicklung auf das ursprünglich auslautende *û* weiter.

So steht auch bei der Behandlung des *û* das Sg., sowohl was die Lautform selbst, als auch was ihre Verbreitung angeht, wieder zwischen dem hess. Südfrk. und dem westf. Nd.

Beispiele:

bo̦u „Bau", vb. *bo̦us*. mhd. *bû*, vb. *bûwen*, ahd. *bûan*.

so̦u „Sau" nhd. ahd. agls. *sû*. Während wohl agls. *sugu* eine suffixale Ableitung des Wortes ist, scheint in ndl. *zog, zeug* und schwäb. *suge* nur Spirantenentwicklung vorzuliegen (Kluge⁴ 291); vgl. die umgelauteten mekl. *säg*, westf. *sügge*. Sg. dimin. *sẹ̈chs*. Heinz. pg. 36.

dro̦us „trauen" mhd. *trûwen*, ahd. *trûên*.

In *ro̦u* „rauh" fasste man die in mhd. *rûch*, ahd. *rûh* im Auslaut stehende Spirans nicht mehr als ursprünglich, wahrscheinlich unter dem Einfluss der flectirten Formen, und konnte nun das Wort so behandeln, als stände das *û* ursprünglich im Auslaut.

Eine scheinbare Ausnahme ist *dû* „du", es geht hier aber das *û* auf urspr. *u* zurück. Im äussersten Südosten des Siegerlandes hat man die falsche Diphthongirung *do̦u, dau* eingeführt.

Eigentümlich ist das Zahlwort 1000 im Sg. behandelt. Dem got. *þûsundi*, ahd. *tûsunt*, as. *thûsind*, agls. *þûsend*, mhd. *tûsend*, ndl. *duizend* entspricht im Sg. nicht, wie man erwarten sollte, ein *dûsut, sondern ein sehr auffälliges *do̦usut. Eine ähnlich auffallende diphthongische Form bezeugt Behaghel (P. G. 1, 3, 565) für alem. Dialekte, die sonst nur Spuren der Diphtongirung zeigen. Dagegen darf im Mhd. bair. *tousent (Weinhold, mhd. Gr.¹ § 320) nicht auffallen. Wie nun die sg. und alem. Formen zu erklären seien, ist sehr schwer zu sagen. Ahd. und got. hat das Zahlwort offenbar gut germ. Lautcharakter, so dass an Entlehnung nicht gedacht werden kann. Auf idg. Ursprung des Wortes deuten auch wohl slav. Formen wie aslov. *tysušta*, lith. *túkstantis*, die ihrerseits kaum germ. Lehnwörter sind. Wir werden das gemhd. Zahlwort daher als urgerm. resp. idg. Wurzel aufzufassen haben. Anders ist es wohl mit den erwähnten dialektischen Formen. Hier waren natürlich die echt germ. Lautformen auch vorhanden, es fand jedoch nun Anlehnung an lat. *decirs centum* statt, für das Notker (Ps. 89, 4 bei Hatt. II, 325) vulgäre Aussprache *déscent* bezeugt. (Schade² II, 935.) So fühlte man das altgerm. Wort *dûsent* als Zusammensetzung von lat. *centum*, und konnte nun das *dû-so* entwickeln als wäre es ein ursprünglich selbständiges Wort. Auf diese Weise lässt sich auch die Doppelgeschlechtigkeit des Wortes — es wird fem. und neutr. gebraucht (Schade² II. 934) — am besten erklären. (vgl. *dëirl̥* unter *eu*).

Wie wir als Umlaut des *â*, wo es sich ungeschwächt erhielt, ein *i* vorfanden, so haben wir als Umlaut des *û* für das zu erwartende *ü* ein *i*.

Es liegt vor in:

hîsr̥, plnr. zu *huss*, wo Verkürzung eintrat.

lis̃. plur. zu *luss*.

bîrl̥ „Beutel" mhd. *biutel*, ahd. *bûtil* (verkehrt Heinz. pg. 42).

lîrə „läuten", *j*-Ableitung zu *lutt*, mhd. *liuten*, ahd. *hlûtjan*. Das zugehörige intrans. Verbum ist *lûrə* „lauten", „tönen". mhd. *lûten*, ahd. *hlûtén*.

bririjam mhd. *briutegome*, ahd. *brûtigomo*, agls. *brŷdguma* zu *brutt* ahd. *brût*, got. *brûþs*. Im fd. Dialekt, wo *ü* Umlautvocal ist, steht das synkopirte *brüm*.

dirrrich „Tauber", mit doppeltem masc. Suff. abgeleitet von *dûr*, vgl. mhd. *tiuber*.

hîrchə, dimin. zu *hûr* „Haube" ahd. *hûba*.

miərr̥ „Maurer" zu *mûər*, mit Umlaut. abweichend vom Nhd.

siərlich „säuerlich" zu *sûər* „sauer".

Ganz entsprechend ist der Umlaut des zu *u* verkürzten *û* im Sg. ein *i*.

Beispiele:

kittchə, dimin. zu *quddə* (pg. 75), dann auch euphemistischer Ausdruck für „Gefängnis".

liddich „zerbrechlich" wohl zu einem Stamm *lüd*- gehörig, der vorliegt in nhd. *liederlich*, *Lotter-*, ahd. *lotar*, agls. *lytre* cf. Kluge⁴ 212.

šdristchə „Sträusschen" mit unorgan. *t* wie auch *šdrust.* cf. mhd. *gestrinze, striuzach.*

millchə „Mäulchen", „Mündchen", dimin. zu *mull.*

šifflchə „Schäufelchen", dimin. zu *šuffĺ* mhd. *schûvel*, ahd. *scûrala.*

šnifflu, iterat. zu *šnuffə* „schnaufen", „schnupfen", nhd. *schnüffeln.*

šnickr „Leckermaul". hess. *schnucker* (Vilm. 361). westerw. *schnaucker* (Heinz. 35). von *šnuqqə* „schlecken". Dazu auch *šnuqqəz* (s. d. Suffixe).

bíchə, plur. von *buχ* „Bauch".

frsimmə „versäumen" mhd. *rersûmen*, ahd. *firsûmen.*

šimmə „schäumen", „Schaum bilden" zu *šumm* mhd. *schûm*, ahd. *scûm.*

brinlich „bräunlich" zu *bruʋ.*

Ergab sich als Umlaut des *û* ein *î*, so ist der Umlautvocal des vor Vocal aus *ô* entstandenen *oʋ* der Vertreter des ursprünglich vor Vocal stehenden *î*, d. i. jener in der Bildung begriffene Halbdiphthong *ëị̈*. Wir haben also: *gəbëị̈* „Gebäude", *bëị̈chə* „Anbau" zu *boʋ*; *sëị̈chə*, dimin. zu *soʋ*; *sëị̈ch* „schweinisch". Heinz. pg. 36.

Im äussersten Südosten des sg. Sprachgebiets tritt auch beim *û* der Halbdiphthong *oʋ*, Umlaut *ëị̈*, ein, wo sonst sg. *û* sich als Länge erhielt: *lọʋsich, dọʋrn, drọʋrĺ, sọʋrrn*, ferner *hëị̈sr, mëị̈rr, bëị̈rĺ, hëị̈rchə* etc.

In den nördlichen und westlichen Gebieten des Siegerlands, wo die Neigung für dumpfe Vocale herrscht, erhalten wir als Umlaut von *û* natürlich ein *ü̂*, von *u* ein *ụ̈*, von *oʋ* ein *öʋ̣*, demnach frdbg. fdf.: *hü̂sr, bü̂rĺ; müllchə, šdrüstchə; jəböị̈, söị̈ich.*

Das germ. ai.

Auf dem ganzen westgerm. Sprachgebiet wurde altgerm. *ai* schon vom 7. Jahrhundert ab vor den Lauten *r*, *h*, *w* monophongirt. Zuweilen finden wir diese Contraction auch im Wortauslaut und vor *n*, hier jedoch keineswegs als Regel. (Braune, ahd. Gr.² § 43. Weinhold, mhd. Gr.¹ §§ 63, 65; kl. mhd. Gr.² §§ 10. 35. Behaghel P. G. ɪ, 3. pg. 567). Der so entstehende Laut war ursprünglich ein sehr offener, wie z. B. in Heliandhandschriften ihn vertretendes *a* bezeugt; er näherte sich aber immer mehr geschlossener Aussprache und ist in der nhd. Bühnensprache völlig zu geschlossem langem *e* geworden.

Der als ursprünglicher Contractionsvocal anzusetzende lange *ä*-Laut, der, wie wir sahen, dem *â* nahe stand, verengte sich auch im Sg. nur ganz allmählich zu geschlossenem *ê*. Es ist dies eine Entwicklung, welche der Wandlung des alten *ô* zu *û* durchaus analog ist. Wir werden daher auch hier annehmen müssen, dass der allmähliche Uebergang zum geschlossenen Laut sich vollzog unter Bildung ähnlicher Nachschlagvocale, wie wir sie in dem *o*, *a* von ahd. *uo*, *ua* erkennen zu müssen glaubten. Diese Auffassung der Entwicklung des contrahirten *ai* findet denn auch in den Lautverhältnissen der sg. Mundart ihre volle Bestätigung. Im Sg. hat nämlich noch nicht überall der Contractionsvocal sich zum vollen *ê* entwickelt; in einzelnen Wörtern finden wir schon in der Stadt, weit häufiger noch auf dem Lande und besonders in Eisern und den östlichen Gegenden als Monophthongirung von *ai* ein *êə*. In diesem unechten Diphthong aber haben wir eben eine jener Uebergangsformen, welche zwischen dem alten offenen und dem neuen geschlossenen Contractionsvocal lagen, erhalten. Während das *ê*, wo es erscheint, ganz dem sg. Vertreter von germ. *ê* und *eo* entspricht, ist das *êə*, dessen erster, den Accent tragende Laut ebenfalls geschlossenes *ê* ist, völlig zusammengefallen mit jenem *êə*, welches wir als Vertreter des Umlauts von früh gedehntem *a* vorfanden. Der Unterschied beider Laute ist nur der, dass das aus *ai* hervorgegangene *êə* auf dem Wege der Verengung begriffen ist, während das aus *a* entstandene Umlaut-*êə* sich dem *a* nähert. Da diese Lautbewegungen zwar in entgegengesetzter Richtung doch auf derselben Bahn verlaufen, so ist der völlige phonetische Zusammenfall beider Laute sehr wohl erklärlich. cf. Heinz. 36.

Wir haben nun überall, auch in der Stadt, das *êə* in folgenden Wörtern:

šlêə „Schlehe" ahd. *slêha*.

zrêə, masc. der Zweizahl, ahd. *zwêne*, got. *twái*.

rêənich „wenig" ahd. *wênag, weinag*.

sêəl „Seele" ahd. *sêla*, got. *sáivala*.

êərich „ewig" ahd. *êwig* von got. *áirs* „Zeit".

zêər „Zehe" mit anderm Spiranten als ahd. *zêha* und nhd. *Zehe*.

êərst „vorhin" ist adverbial geworden; *dr êərst* „zuerst" zeigt vielleicht einen ähnlichen Gebrauch wie lat. *primus* in *primus hoc feci* u. ä. Es entspricht ahd. *êrist*, das zu got. *áir* gehört. Dieses letzte Wort liegt vor in sg. *rannêə(r)?*, sg. st. *rênnê?* „wann?", das dem agls. *hwanne or*, mekl. *wennir* genau entspricht. Die Volkssprache hat die Bestandteile dieses Compositums aber nicht mehr erkannt, es ist deshalb eine Entstellung des Wortes in *rimêə* (Eisern) möglich, als ob dasselbe aus *ri* „wie" und *mêə* „mehr" bestünde; vgl. noch urk. *wannee* (268). Der Comparativ von got. *áir* lautet sg. *êjr* „eher", verstärkt *êjydr*. Das hier im ganzen Siegerland feste *ê* zeigt uns gegenüber dem *êə* von *êərst* und der Doppelform von *rênnê, rannêə*, dass das Vorkommen von *ê* und *êə* nicht an Regeln gebunden ist, sondern *ai* willkürlich bald durch *ê*, bald durch *êə* vertreten erscheint.

In Eisern und im Osten haben wir noch *êə*, während sonst, besonders in der Stadt, das *ə* schon geschwunden ist, in folgenden Beispielen:

rêə „Reh", sg. st. *rê*, ahd. *rêh*.

rêə „weh", sg. st. *rê*. ahd. *wê*, got. *wái*. Das Adj. ist im Sg. substantivirt und bedeutet „Wunde", das Diminutiv *rêətcha* hat den Dental der flectirten Neutralform bewahrt. (s. pg. 6).

glə „Klee" ahd. *chlêo.*

mêə „mehr" ahd. *mêro,* got. *máiza,* daneben eine Neubildung *mêmr.*

hêər „fein", „zart", auch „schmächtig". ahd. *hêr.* Davon *hêər-brôət, hêəbrôət* „Weissbrot" im Gegensatz zu *grôəflbrôət* „Roggenbrot". vgl. Heinz. pg. 36. Corrbl. des Vereins für nd. Sprf. 1888. pg. 41.

Endlich ist die Entwicklung auch in Eisern bis zum *ê* vorgeschritten in

snê „Schnee" ahd. *snêo,* got. *snáirs.*

sê „See" ahd. *sêo,* got. *sáirs.*

Wie im Mhd. wird auch im Sg. *ê* zuweilen gekürzt. (Weinhold, mhd. Gr. ¹ § 64). Der kurze Vocal hat jedoch nicht die Constanz, welche dem *ê* eigen war, wir haben daher nicht nur Kürzung zu *ę* sondern auch Uebertritt desselben zum *ë*. So in *ëərz* „Erz" ahd. *êrizzi,* das wohl auf got. *áis* zurückgeht. *lëərchə* „Lerche" mhd. *lërche,* ahd. *lêrahha.* Daneben kommt vor *lëərkə,* das wohl md. Gemeinform ist. (Kluge ⁴ 210). vgl. *leeuwerik,* agls. *lawerce, láwerce.*

Vor allen andern Consonanten als den oben angeführten blieb germ. *ai* im Hd. im Wesentlichen unversehrt erhalten. Die Aussprache des Diphthongen hat sich, wie die Schreibung der Denkmäler beweist, seit Ende des 8. Jahrhunderts allerdings verengt. (Weinhold, mhd. Gr. ¹ § 92: kl. mhd. Gr. ² § 44. Behaghel P. G. ı, 3, pg. 567). Vom 13. Jahrhundert aber wird, nach der schriftsprachlichen Darstellung zu schliessen, die Aussprache des Diphthongen wieder offener.

Das Nd. monophthongirt *ai* auch hier überall, doch haben in neuerer Zeit viele Mundarten, z. B. das Westfälische, wieder Diphthongirung neuerdings eintreten lassen. Besser als das Nd. selbst hat hier wieder das Rip. *ê* bewahrt und weist es noch heute auf. Eine andre Monophthongirung hat oft das Hessische: das *i* geht völlig in dem *a* auf, so dass sich ein *á* für *ai* ergibt.

Das Sg. geht hier nicht, wie man erwarten sollte, mit dem Rip., dessen *ê* sich nur im westlichen Siegerland (Freudenberg) findet, sondern hat fast überall mit den meisten andern hd.

Mundarten den Diphthong bewahrt. Einige Abweichungen
werden unten besonders behandelt werden..

Beispiele:

lait „leid" ahd. *leid.*

gərait „zur hand", „fertig" (Heinz. 37), hess. *gereite* (Vilm. 230),
  mhd. *gereite, gereit,* got. *garáips.*

vaiz „Weizen", schweiz. hess. thür. schwäb. *weissen,* mhd. *weize,*
  ahd. *weizi;* vgl. schriftsprachl. *Weissbrot, Weissbier.* Dem
  nhd. *Weizen* entspricht mhd. *weitze,* ahd. *weizzi,* got. *hváiteis.*
  Kluge[4] 38.

gaisl „Peitsche" ahd. *geisala.* Kluge[4] 108.

laif „Laib" (Brot) ahd. *leip,* got. *hláifs.*

zaichə „Zeichen" ahd. *zeihhan.* got. *táikns,* as. *tēkan.*

aichə „Eiche" ahd. *rih.*

faimln „schmeicheln", auch westf. bekannt (Heinz. 37) und schon
  von Schütz (i, 26) zu ahd. *feim* und nhd. *abgefeimt* gestellt.
  Schade[2] i, 175.

hail „heil" ahd. *heil,* got. *háils.*

Aus *agi* ist *ai* hervorgegangen in *aistrlich,* einer verstärk-
ten Bildung zu mhd. *eislih,* ahd. *egislih,* die wie nhd. *schreck-
lich, furchtbar* zur Bezeichnung eines hohen Grades dient. Zu
grunde liegt ahd. *aki,* got. *agis* „Schrecken". Dazu gehört
wohl auch das begrifflich nicht fern liegende sg. *aisëall,* das
die grösste Kuhglocke einer Herde bezeichnet.

In Freudenberg haben wir, wie bereits oben erwähnt, in
allen diesen Fällen das volle rip. ê: *brêt, lêt, mêst, gərêt*
u. s. f.

Eine besondre Behandlung erfordert *ai* vor dem dentalen
Nasal, der ja in einigen Fällen (*zvéə, rénich* s. o.) schon früh
vorausgehendes *ai* monophthongirt hatte. Im Sg. bewirkt nämlich das *n* auch später eine besondre Behandlung das *ai* nach
den verschiedensten Richtungen. Zum Teil ergeben sich dabei
Unterscheidungen für die einzelnen Unterdialekte. Zunächst bewirkt auslautendes *n* nach *ai* eine sehr mannigfache Entwicklung.

Während die frdbg. Mundart auch hier in rip. Weise schon
früh *ë* entwickelt und dasselbe zuweilen sogar weiter zu *i* verengt hat, tritt auf andern Gebieten erst neuerdings die Neigung

zur Monophthongirung auf. Diese führt im östlichen Gebiet zu *âê*, das auch der Ferndorfer Dialekt hat, während wir in Siegen Stadt sowie in Eisern vielleicht als Vorstufe dieses *âê* ein *âi* haben, das an das nass-hess. *â* erinnert. Durch verschiedene Behandlung des auslautenden *n* erhalten wir demnach folgende Typen: frdbg. *glê* (Schelden *gli*), sg. st. *glâin* (Eisern *glâi*), fdf. *glâêv*, ostsg. *glâê* „klein".

Hierher gehören noch

llâi „allein", sg. st. *allâin*, mhd. *alein(c)*.

râi „rein" ahd. *reini*, got. *hrains* sg. gleichlautend mit

râi „Rain" mhd. ahd. *rein*, nd. *reen*. cf. Heinz. pg. 37.

Tritt *n* durch die Flexion in den Inlaut, so erhalten wir frdbg. *glênr* (*glinr*), sg. st. *glâinr* (Eisern *glâir*), fdf. *glainr*, ostsg. *glâênr*.

Stärker noch war, wie es scheint, die Neigung zur Monophthongirung von *ai* vor inlautendem *n*, das ja viel beständiger war als das auslautende. Wir finden hier wenigstens das *âê* auch im Dialekt von Eisern:

mâên (sg. st. *mâin*) „meinen" ahd. *meinan*.

hâê „Hain", der Spezialausdruck für den sg. Hauberg, mhd. *hain*, aus *hagen* hervorgegangen. Das Wort erscheint auch im Ortsnamen *Hâênchə*, das als Sitz eines alten Adelsgeschlechts häufig in den Urkunden erscheint: *Hagen* (65, 77), *Hane* (130, 131), *Haen*, *Heyn* etc.

Jedenfalls durch falsche Analogie nach *n* bewirkte auch *m* in Eisern meistens Monophthongirung des *ai* zu *âê*:

lâêmə „Lehm" (sg. st. *lâimə*) entspricht genau mhd. ahd. *leim*; westf. *laimen* (Heinz. 37).

hâêm „Heim", „Heimat", *nâô hâêm* „heim", „nach Hause", mhd. ahd. *heim*, got. *haims* „Dorf".

âêmich, gebraucht von einer Wunde, die sich entzünden will, enthält wohl denselben Stamm wie ahd. *eitar* und mhd. ahd. *eiz* „Eiter" (Kluge [4] 68; Schade [2] I, 130), und der ist wohl auch vorliegend in mhd. ahd. *eit* „ignis", kelt. *aedh*, lat. *aestas*, *aestus*, gr. *αἴθω* (Schade [2] I, 130). Am nächsten steht dem sg. Worte an. *eimr*, *eimi* „Rauch". ahd. *eimurja*, mhd. *eimer* „glühende Asche", nhd. dial. *Ammer*. Schade [2] I, 127.

Interessant ist die Behandlung des Zahlworts *ein*. Wäh-

rend das Sg. St. *ûin* für alle drei Geschlechter aus der Schriftsprache sich angeeignet hat, haben die ländlichen Mundarten die
alten geschlechtigen Formen streng lautlich behandelt. So
ergibt sich in Eisern als stark flectirte Form masc. *āe͞ɔr*. (con-
trah. aus *āenr*), fem. *āē*. neutr. *âi*. Als absolutes Zahlwort
wurde nicht. wie in der Schriftsprache, das Neutrum in Gebrauch genommen. sondern wie auch bei *zrô*. *zrôɔ* das Femi-
ninium. Ueber den unbestimmten Artikel und seine enclit. Form
s. u. Die Zusammensetzungen mit dem Zahlwort *ein* als erstem
Bestandteil weisen meist volles *ai* auf: *aifalt* „einfältiger
Mensch". abstr. pro concr., *aifällich* „einfältig" zu ahd. *ein-
falt* und *einfaltig*; *aidô* „einerlei". eigentl. „ein Tun", eine
ähnliche Bildung hat das Alem. (Heinz. pg. 56), davon *ai-
dôᶇrrich* „gleichgültig"; *aimr* „einfarbig", „gleichartigen Aus-
sehens" (bes. von einfarbig grauen Regenwolken), dann auch
„gleichartig" überhaupt, mhd. *einvar*. Schade ² ı. 128. Nur in
āe͞mr „Eimer" haben wir in Eisern gegenüber sg. st. *âimr*.
ahd. *einbar*. Monophthongirung (s. o.).

    gɔmāe bedeutet „gemein". „leutselig" ahd. *gimeini*, als
Subst. „Gemeinde", *gɔmāi* bedeutet „gemein", „niedrig" und ist
wohl hd. Lehnwort.

    Besonders stark war der Trieb zur Monophthongirung in
der Partikel *nein*, wo der Diphthong nirgends erhalten ist.
Während das Frdbg. das rip. *nê* aufweist, das es jedoch nicht
selten zu *nôê* verdumpft, zeigen die Dialekte von Stadt Siegen
und Ferndorf *nāe*. Im Osten, auch in Eisern, gilt das hess.-
nass. *nâ*, in Eiserfeld ein zwischen *nāe* und *nâ* stehendes *nä̂*.
Obwohl also im Sg. nirgends ein Diphthong erscheint. liegt
doch nicht das agls. *nâ*, got. *nê*, sondern ahd. *nein*, as. *nên*,
die zusammengesetzte Form, zu grunde. Die sg. gewöhnlich
gebrauchte Form der Negation *ɲnāe*, *ɲnâ* ist nicht, wie Heinz.
pg. 50 unter Berufung auf das von Kehrein (208) citirte *ina* an-
nimmt, ein Praefix zum Besinnen und Ueberlegen, sondern lediglich die proklitische. mhd. Form der Negation *en*. (Weinhold, mhd. Gr. ¹ §§ 197, 476). Eine Parallele zu dieser An-
wendung des *en* haben wir in dem mhd. *enwiht* für *niwiht*.
welches Wort heute im Sg. zu *ênvich* verstümmelt ist. Wie
die Form verkümmerte auch die Bedeutung. Ursprünglich nur.
auch heute noch vorzugsweise in negativen Sätzen gebraucht

wo es etwa „durchaus nicht" bedeutete, kommt es heute auch in affirmativen Sätzen vor und hat den Sinn „so wie so", negativ „überhaupt nicht", „doch nicht". Diese Function zeigt zwar immer noch etwas von der urspr. verstärkenden Bedeutung des Wortes, doch ist der Begriff der Negation vollständig abhanden gekommen. Das geschah auch bei dem ṇ von ṇuî. Man konnte daher dieses scheinbare Praefix ṇ, dessen Bedeutung man nicht mehr kannte, auch vor die Affirmationspartikel jaō setzen, und hierbei mag wohl das von Heinz. hervorgehobene psychologische Motiv des Besinnens und Ueberlegens mitgewirkt haben. So sagt man auch ṇjaō, dagegen immer nur bǝjaōzǝ „bejahen".

Vor s (z) haben wir in Eisern oft neue Monophthongirung des *ai* zu $\widehat{ae}$ oder $\overset{\circ}{\hat{a}}$.

Beispiele für $\widehat{ae}$ sind:

gla̅es „Geleise" mhd. *geleise*, ahd. *leisa*.

maȇschǝ „Meise" zu ahd. *meisa*. Hz. Wb. 31.

$\overset{\circ}{\hat{a}}$ haben wir in

ås, daneben (sg. st.) *ais*, „einig", ursprüngl. neutr. des Zahlworts *ein*, genau so gebraucht wie nhd. *eins*.

snås „durch den Wald gehauener Weg", vgl. hess. *schneise* (Vilm. 361), das auch in der Eifel vorkommt. Die Bedeutung passt zu mhd. *sneite*, ahd. *sneita*, während nhd. *sneise* „Schnur" bedeutet. Schade² ii, 837; Kluge⁴ 312.

gåz „Geiss" mhd. ahd. *geiz*, got. *gáits*.

Wie in ahd. Zeit ursprüngliches *r* und *w* Monophthongirung von vorhergehendem *ai* bewirkten, so haben im Sg. auch das aus ð neuerdings gebildete *r* und das aus *b* hervorgegangene neue *v* vorausgehendes *ai* zu monophthongiren begonnen. Der entstehende Monophthong ist $\overset{\circ}{\hat{a}}$, und er kann uns beweisen, dass auch das jetzt als alte Monophthongirung von *ai* erscheinende *ê* ursprünglich diesen offenen dem *å* nahestehenden Lautwert hatte, wie wir es oben schon annahmen. Auch hier finden wir das $\overset{\circ}{\hat{a}}$ nur in Eisern und Umgegend, sonst ist *ai* resp. *åi* noch erhalten.

årṃ „Schwiegersohn" ahd. *eidum*, agls. *âðum* gehört offenbar zum selben Stamme wie ahd. *eidi*, got. *áipei* „Mutter".

vå „Weide" ahd. *weida.*

šbrå „Tuch zum Ausspreiten" zu *šbrårᴐ* ahd. *spreitan.* Lautlich entspricht mhd. *spreite* „Buschwerk". Schade² ɪɪ. 856.

hå „Heidekraut" wie ahd. *heida* aus got. *háipei.*

lårᴐ „leiten" ahd. *leiten.*

blåvᴐ „übrig lassen" (vom Essen und Trinken) entspricht got.
trans. *biláibjan,* agls. *lœfan.* Es enthält die Gunastufe zum
intrans. *blivᴐ,* got. *bileiban.*

sårᵣ „Geifer", *särrn* „geifern" von kleinen Kindern, tirol. *sâfer,*
nnd. *sêwer* zu ahd. *seivar.* cf. Schade² ɪɪ, 750. Heinz. 63. Vilm.
335, 380.

Im Dialekt der Stadt ist uns vielleicht eine letzte Spur
der im Ahd. eingetretenen Verengung des *ai* zu *ei* erhalten,
und zwar geschieht das im Inlaut vor Vocal und im Auslaut.
Dass gerade hier das verengte *ai* grössere Constanz zeigte, ist
in den Verhältnissen der Schriftsprache begründet. Wie hier
das diphthongirte *i* mit dem ursp. *ai* zusammengefallen ist, so
hat man im Dialekt der Stadt das vor Vocal und im Auslaut
ziemlich seltene germ. *ai* an jenen weit häufigern Halbdiphthong
ëï angeglichen, der das *i* in dieser Stellung vertritt. So konnte
sich, gestützt auf jenes für *i* stehende *ëï,* die Verengung des
germ. *ai* hier halten. Wundern darf es uns nun auch nicht,
wenn wir diesen Verengungslaut *ëï* für *ai* auch vor urspr. *y*
antreffen, das ja im Sg. zu *j* erweicht wurde.

Die Mundart von Eisern hat auch im Inlaut vor Vocal
und im Auslaut das volle hd. *ai* resp. *âi.*

Wir haben also:

eis. *âi,* sg. st. *ëï,* „Ei" ahd. *ei,* Plur. eis. *aïᵣ,* sg. st. *ëïᵣ.*

eis. *Mai,* sg. st. *Mëï,* der Monatsname, ahd. *meio.*

lai, sg. st. *lëï,* als einfaches Wort nur noch in Bergnamen üblich, mhd. *lei,* as. *leia.* Davon eis. *laïᴐdäckᵣ* „Schieferdecker".
Schmidt 102.

eis. *fâi,* sg. st. *fëï,* „dem Tode nahe" wie ahd. *feiyi.* Heinz. 38.
Schade² ɪ, 174.

râïᵣ „Reiher", sg. st. *rëïᵣ,* mhd. *reiger.*

eis. *zâïᴐ,* sg. st. *zëïᴐ,* „zeigen" ahd. *zeigôn.*

eis. *aïᵑtlich,* sg. st. *ëïᵑtlich,* „eigentlich" mhd. *eigenlich.*

Das germ. au.

Die Entwicklung des germ. *au* geht im Allgemeinen der des *ai* parallel, doch zeigen sich im Einzelnen manche Abweichungen.

Das Nd. monophthongirt *au* wie *ai* regelmässig. Contractionsvocal ist zunächst offenes langes *o*, wie die im As. dafür vorkommende Schreibung *a* beweist. (Beh. in P. G. 1. 3, pg. 567.)

Im Hd. geht die Monophthongirung des *au* weiter als die des *ai*. Obd. vollzog man dieselbe vor *h* sowie vor dentalen Consonanten vom 8. Jahrhundert an. (Weinh., mhd. Gr.[1] § 75; kl. mhd. Gr.[2] §§ 10, 45.) Noch viel verbreiteter ist die Contraction des *au* im Md., wo sie sich sehr häufig auch vor Labialen und Gutturalen einstellt (Weinhold, mhd. Gr.[1] § 78). Indessen gilt diese weitgehende Monophthongirung nur für die Vulgärsprache.

Die sg. Mundart geht in diesem Punkt nicht so weit wie die ostmd. Dialekte. Im Sg. hat die Monophthongirung des *au* nur die Verbreitung, welche wir im Obd. vorfanden, tritt also nur vor *h* und dentalen Consonanten ein. Auch dann hat sie nur sehr selten Zusammenfallen des Contractionsvocals mit dem germ. *ô* bewirkt: gewöhnlich ergiebt sich als Resultat der Contraction nicht *ó*, sondern entsprechend dem *ėʒ* für *ai* ein *óʒ*. Dieses *óʒ* ist aber viel verbreiteter als jenes *ėʒ* und auch in der Mundart der Stadt der gewöhnliche Vertreter des monophthongirten *au*. *ô* findet sich in der Stadt nur vor *h* (*ch*), in Eisern überhaupt nicht. Auch hier sehn wir in dem *ʒ* eine letzte Spur der ehemals offenem Aussprache des *o*-Lautes. Eben ein solcher nachschlagender Stimmvocal wird ja vor *r* auch in der nhd. Bühnensprache gehört. cf. Heinz. pg. 38.

Beispiele:

flôʒ, sg. st. *flô*, ndl. *cloo*.

hôʒj „hoch“, mit Erweichung von *ch* zu *j*, sg. st. *hôχ*, ahd. *hôh*. got. *háuhs*.

frôʒ, sg. st. *frô*, „froh“ ahd. *frô*. Kluge[4] 96.

rôʒ, sg. st. *rô*, „roh“ mhd. ahd. *rô*. (flect. *rôwʒr*).

lôʒ „Lohe“ mhd. *lô* lautet sg. st. *lô*, dagegen haben wir für *lôʒ* „Lohn“ ahd. *lôn*, got. *láun* auch in der Stadt *lôʒ*.

Ueberall haben wir *òɔ* in

òɔr „Ohr" ahd. *òra*, got. *àusô*.

hòɔrdɔ „hörte". Praet. zu *hòɔrn*, ahd. *hòrtu*, got. *háusida*.

dòɔt „tot" ahd. *tôt*. got. *dáups*.

bròɔt „Brot" ahd. *bròt*, an. *brauð*.

šdôɔzɔ „stossen" ahd. *stòzan*, got. *stáutan*.

gròɔz „gross" ahd. *gròz*.

dròɔst „Trost" ahd. *tròst*, got. *tráust* „Vertrag".

gnòɔz „kleiner, unansehnlicher Mensch" (Heinz. 38), in derselben
Bedeutung mit *-iz*-Suffix *gnèɔzr*. Wegen der Bedeutung vergl.
das nhd. burschikose *Knoten*, das auch stammverwandt ist,
aber schwächere Vocalstufe hat. Diese hat auch mhd. *knotze*
„Knorre".

qòɔdrn „unverständlich reden", vom Sprechen kleiner Kinder
gebr., ist ein sehr interessantes Wort. Es direkt zu nhd.
*kauder in *kauderwelsch* zu stellen, das bisher nicht erklärt
ist (Kluge ⁴ 163), geht nicht an: stände hier urspr. *au*, so
hätte es vor dem Dental monophthongirt werden müssen.
Dieses *kauder geht wohl auf ein mhd. *kûter* zurück (Heinz.
125), das auf dem Westerwald noch lebt (Schmidt 97). Da
gegen muss das sg. *qòɔdrn* germ. *au* enthalten. Wie wir nun in
nhd. *schwatzen* eine Umstellung von *sau-* zu *sva-* annahmen,
so wird in diesem *kaut-* Metathesis von *krat-* vorliegen.
Dieses *krat-* lebt aber noch in nhd. mundartl. *quatschen* und
quasseln, die Intensivbildungen dieses Stammes sind. Die
Tiefstufe zu *kaut-* haben wir in mhd. *kiuten* „schwatzen"
(Praet. *kûte*). cf. Schade ² 1, 493. Tiefste Stufe zum Stamm
krat- liegt endlich vielleicht vor in got. *qiþan*, doch erregt
hier der Consonantismus Bedenken. vgl. Schade ² 11, 691.

Zu dem monophthongirten *au* traten einige lat. Lehnwörter,
die in vulgärer Aussprache *ô* resp. *aô* hatten:

ròɔs „Rose" ahd. *ròsa*, ndl. *roos*. Kluge ⁴ 283.

šûɔl „Schule" könnte wohl agls. *scûl*, ndl. *school* entsprechen,
nicht aber mhd. *schuole*, ahd. *scuola*. Im Hd. ging lat. *schola*
lautgesetzlich zum germ. *ô*, da ja ein aus *au* monophthongirtes
ô resp. *aô* hier vor *l* nicht vorkam, obwohl dieser offene
Laut dem Vocal des vulgärlat. *schola* besser entsprochen
haben würde. Anders war es im Nd. Hier war germ. *au*
vor allen Lauten, also auch vor *l*, contrahirt worden, hier

hatte daher das lat. Lehnwort die Wahl, ob es in die Zahl der urspr. ô. die geschlossene Aussprache hatten, oder in die Reihen der Contractions-ô, die damals noch offen gesprochen wurden, eintreten wollte. Natürlich wandte es sich zu den letztern, da deren Lautwert dem eigenen am nächsten kam. Das beweist uns jetzt noch das westf. *syuule* „Schule", welches die nachträgliche Rückdiphthongirung des germ. *au* aufweist. Die nd. Form des lat. Lehnworts machte sich auch das Sg. zu eigen und wandelte das übernommene **šaûl* in seiner Weise zu *šôʋl*.

Sehr früh muss sg. *glôʋstr* „Kloster", ahd. *klôster* aus mlat. *claustrum* entlehnt sein. (Kluge [1] 176). Die Entlehnung muss vor der westgerm. Monophthongirung des *au* vor Dentalen und *h, w* stattgefunden haben.

Dem Umlaut widerstand das aus germ. *au* entwickelte *ô* besonders im Md. ziemlich lange. (Weinhold, mhd. Gr. [1] §§ 82. 81). Spuren desselben zeigen aber doch schon die sg. Urkunden, wenn wir dort *ŏ* oder *oe* geschrieben finden (266. 288). Dagegen sind die Schreibungen *oy* und *oi* (81, 261) wohl nur nd. Längenbezeichnungen. (Behaghel, P. G. 1, 3. 565). Findet sich doch auch sonst *ô* in unumgelauteter Form viel häufiger als umgelautetes. Wir haben *hôren* in sg. Uk. 123, 153, 167, 188, 235, 242; vgl. ferner auch 248, 261, 263, 130, 132, 137, 140. 147 etc.

Für den gemhd. Umlautvocal *oe* haben wir im Siegerland, abgesehen von Freudenberg und Ferndorf, als Umlaut von *ôʋ* ein *ëʋ* wie von *ô* ein *ê*:

hëʋ, sg. st. *hê,* nur in der concr. Bedeutung „Anhöhe". für das abstr. „Höhe" mhd. *hoche,* ahd. *hôhi,* got. *háuhei* erhalten wir sg. die Neubildung *hêajdʋ* resp. *hêjdʋ.* (s. die Suffixe). *šdrëʋ,* sg. st. *šdrê,* „Stroh" ahd. *strô.*

Auch in der Stadt haben wir *ëʋ* in

hëʋrn „hören" mhd. *hoeren,* ahd. *hôrjan,* got. *háusjan.*

rëʋr „Röhre" mhd. *roere,* ahd. *rôra* mit *j*-Suffix von got. *ráus.*

rëʋtlich „rötlich" von *rôʋt* ahd. *rôt,* got. *ráuþs.*

nëʋrich „nötig" zu *nôʋt* ahd. *nôt,* got. *náuþs.*

blëʋ „blöde" ahd. *blôdi,* an. *blaupr,* vgl. got. *blaiuþjan.* Kluge [4] 35.

lëʋsʋ „lösen" mhd. *loesen,* ahd. *lösen,* got. *láusjan.*

gl'az „Kloss" ahd. *chlôz.* engl. *cleat,* mit auffallendem Umlaut.
Tiefstufe dazu zeigt sg. *gluddə* aus **klŭte* „Klumpen", meist
in obscönem Sinn gebraucht, wozu Heinz. (125 f.) das westf.
sächs. *klŭte* beibringt. cf. Vilm 209 f.

bŏ̆nchə „Böhnchen", dimin. zu *bŏ̆ə* ahd. *bôna.* an. *baun.*

šéə „schön" mhd. *schoene,* ahd. *scôni*; cf. got. *(ibna)skáuns* „gleich-
gestaltet". Kluge [4] 314.

Eine Verengung des contrahirten *ŏ̀* über das urspr. *ô* hinaus
begegnet uns im Dialekt von Freudenberg. Wir erhalten hier
langen *u*-Laut, doch auch mit jenem nachschlagenden *ə*, das
wir auch bei *ô* fanden. Eine Verdumpfung von *ô* zu *au* zeigt
schon in mhd. Zeit der Kölnische Dialekt (Weinhold, mhd. Gr. [1]
§§ 88, 126). Auch die fdf. Mundart hat dieses *ûə.* Sein Umlaut ist *üə̈,* das ja in diesen Gegenden sehr wohl möglich ist.

Wir haben also hier: *nûət, brûət, drûəst, ûər. bûə*; umgelautet: *hûərn, rûətlich, nüərich, šüə̈* u. s. f.

Die Entwicklung des im Ahd. nicht zu *ô* contrahirten *au*
geht im Ganzen der des *ai* völlig parallel. Es verengt sich
auch *au* in ahd. Zeit zu *ou*, das etwa vom 9. bis 13. Jahrhundert vorherrscht. Dann gewinnt das *au* wieder an Boden.

Das Nd. monophthongirt auch *au* in allen Stellungen.
Doch ist in neuster Zeit wie beim *ai* so auch beim *au* eine
neue Diphthongirung zu verzeichnen, die freilich auch alte
germ. *ô* mit sich riss, so dass im Westf. z. B. falsche Bildungen
wie *χraut. daut* u. ä. vorkommen. (Weinhold, mhd. Gr. [1] §§ 96,
98; kl. mhd. Gr. [2] § 45. Behaghel P. G. i, 3, 568).

Die sg. Urkunden haben in erdrückender Ueberzahl den
Diphthong, der als *au, aû, ou, oû*, ausserdem (vor Vocal) als
auw, aûw, ouw, aw, ow in der schriftsprachlichen Darstellung
erscheint. Aber auch der Monophthong fehlt nicht; wir haben
croen 130, 131, 132, 137, 140, 147; *rerkoft* 130, 137, 140; *cofis*
130. Auffälliger Weise steht dieses *ô* gerade in Urkunden von
der Ostgrenze des Siegerlands, die ihren durchaus hd. Charakter
dadurch beweisen, dass sie z. B. kaum auch nur Spuren der nd.
diphthongischen Schreibung für langen Vocal zeigen. Hier

kann also nicht die nd.-rip. allgemeine Monophthongirung. hier muss die im östl. Md. vorkommende und hier noch heute geltende neue Contraction von *au* zu *ô* zu grunde liegen, (cf. Weinhold. mhd. Gr. ¹ § 78), die sonst nur der Vulgärsprache zukommt. In manchen Urkunden stehn beide Schreibungen nebeneinander, so in 267 *verkoft, vrowen, koufe, ouch. frauwe,* in 193 *verkoft* und *frowe.*

Heute ist wie das monophthongirte so auch das Diphthong gebliebene *au* in der Entwicklung hinter dem *ai* zurückgeblieben. Während wir beim *ai* den reducirten Diphthong *ëi* nur in der Stellung vor Vocal und im Auslaut durch besondre Umstände festgehalten sahen, ist das aus *au* verengte *ou* noch ungleich häufiger. Ja im Dialekt der Stadt ist der reducirte Diphthong *ou* der reguläre Vertreter des germ. *au.* Vor Vocal und im Auslaut wurde das *u* spirantisch, und erfolgt deshalb in dieser Stellung völliger Zusammenfall des *au* mit dem hier dem Diphthong zustrebenden germ. *ô.*

In Eisern und dem ganzen östl. Gebiet des Siegerlands erhalten wir nun für dieses sg. st. *ou* in Anlehnung an die östl. Nachbardialekte volles *au.* Auf der andern Seite hat der Dialekt von Freudenberg das unversehrte rip. nd *ô,* und zwischen diesem *ô* und dem sg. st. *ou* vermittelt das fdf *ou.* Heinz. pg. 39.

So bildet die mannigfaltige Entwicklung des germ. *au* im Sg. eine Stufenleiter, welche von dem nd. *ô* hinführt zu dem vollen hd. Diphthong *au.* Bei keinem Laut zeigt sich also der vermittelnde Charakter des sg. Dialekts so schön wie gerade beim *au.*

Demnach erhalten wir von got. *hlaupan,* ahd. *loufan* die vier Typen: frdbg. *lôfə,* fdf. *loufə,* sg. st. *loufə,* eis. *laufə.*

Weitere Beispiele sind

lauf „Laub" ahd. *loub,* got. *laufs.*

dauf „taub" ahd. *toup,* got. *daufs.*

glauə „glauben" ahd. *gilouben.*

sdauf m. ist ein sehr seltenes und interessantes Wort. Es kommt nur noch vor in der Zusammensetzung *dof'|nsdauf,* welche ein Gericht Kartoffeln bezeichnet, das der Landmann nach beendeter Kartoffelernte als besondre Gabe seinen Arbeitern vorzusetzen durch altes Herkommen verpflichtet ist. Es ist wohl dasselbe Wort wie mhd. ahd. *stouf* „Becher", eigtl.

wohl „Ehrenbecher. den man jemand spendet". Dazu stimmt
agls. *steáp*, an. *staup*, ndl. *stoop*, auch agls. *stépan* „angesehen
machen", „ehren", „begaben" (Schade[2] ɪɪ. 876). Der Bedeutung
nach steht am nächsten das im Ahd. einmal in ostfrk. R. A. 298
überlieferte *ôsterstuopha* „Ostersteuer", wo mit Schade ([2] ɪɪ, 888)
wohl unbedingt *ôsterstonpha* zu schreiben ist. Die Grundbedeutung des Wortes ist wohl „Ehrengabe".

χauf „Schelm". „Narr" mit Labial, während ahd. *gouh* Guttural
hat: vgl. nhd. *Lauch* und sg. [*bês*]*lauf* (s. *luχe* pg. 76).

rauχ „Rauch" ahd. *rouh*, as. *rôk*.

baum „Baum" ahd. *boum*.

saum „Saum" ahd. *soum*.

nau „genau", „sparsam", westerw. *nâ*, mhd. *nou*. *nouwe*: vgl.
das ahd. adv. *nauwigo*, Schade [2] ɪ. 660.

frau „Frau" mhd. *vrouwe*, ahd. *frouwa*.

šdrau „Streu", ohne Umlaut: vgl. mhd. *ströu* aus got. *stráujan*.

hauə „hauen", westf. *hauwen*, *hoggen*, ahd. *houwan*.

frdauə „verdauen" ahd. *douwen*.

Vor urspr. *g*, das hinter dem *u* velar wird (ʒ), steht sg. st.
auch *ou*, dagegen eis. *âu*:

eis. *âu* „Auge" sg. st. *ou*, ahd. *ouga*, got. *áugô*, plur. *âuʒə*.

eis. *lân*, sg. st. *lou*, „Lauge" ahd. *louga*, an. *laug* „warmes Bad".

Auch das germ. *au* verfiel der Umlautung durch ein *i* oder
j des Suffixes. Indessen drang dieser Umlaut nicht vollständig
durch. In mhd. Zeit blieben im Obd. wie im Md. eine ganze
Anzahl Wörter ohne Umlaut, und erst später dehnte sich derselbe weiter aus. Aber auch die nhd. Schriftsprache hat ihn
noch nicht völlig durchgeführt. Weinhold, mhd. Gr.[1] §§ 101.
102; kl. mhd. Gr[2] § 46.

Als Umlautvocal erhalten wir für das gembd. *öu*, *äu* im
Sg. verschiedene Laute, die den unumgelauteten Diphthongen
entsprechen. Es ergibt sich also für das frdbg. *ó* als Umlaut
ö, für das fdf. *öu* aber *öi*. Der Dialekt der Stadt duldet ein
öu nicht und lässt dafür *ai* eintreten, das genau dem germ. *ai*
entspricht und auch, wie dieses, gern in *âi* übergeht. *ai* für
äu hat natürlich auch die Mundart von Eisern mit den östlichen
Gebieten.

Wir erhalten demnach als 3. Pers. Sing. Ind. Praes. von *laufo* in den verschiedenen Gebieten: frdbg. *löft*. fdf. *löift*, sg. st. *läift*, eis. *laift*.

Sonst nennen wir

haifcho „Häuflein", dimin. zu *hauf* ahd. *houf.*

laikḷn „leugnen". Intensitivbildung zu ahd. *louginen*, got. *liugnjan.*

raichṛn „räuchern" von *rauχ* ahd. *rouh.*

läib „Söller", „Boden", ein specifisch städt. Wort, ist umgelautet aus ahd. *loube* „Halle", „Galerie um das oberste Stockwerk eines Hauses". Dem sg. st. *läib* steht am nächsten md. *löube* (Kluge ⁴ 201); vgl. noch ndl. *löre*, an. *lopt* „Balkon", engl. *loft.* (Auf dem Land steht für *läib* *ǫllrn* s. pg. 48).

Vollständigen Zusammenfall dieses Umlaut-*ai* mit dem germ. *ai* beweist der Umstand, dass auch das Umlaut-*ai* im Dialekt von Eisern vor *m* in *aē*, vor *r* (δ) und *r* (b) in *ā̊* contrahirt wird. Sg. st. steht hier immer *ai*.

Wir haben:

eis. *bāēmcho*, sg. st. *bāimche*. dimin. zu eis. *baum*, sg. st. *bǫum*.

eis. *drāēma*, sg. st. *dräima*, von *draum* resp. *drǫum*.

eis. *frä̊*, sg. st. *fräi*, „Freude" mhd. *vröude*, ahd. *frawwida*.

eis. *hä̊*, sg. st. *häit*, „Kohlkopf", davon *hä̊rasaläōt* „Salat von Weisskohl", wurde schon von Heinz. pg. 69 als Umlaut von mhd. *haupt*, ahd. *houbit* erkannt. Das Wort kommt auch sonst nhd. dial. fast nur in der Bedeutung „Kohlkopf" vor. (Kluge ⁴ 133); vgl. hess. *heid* (Vilm. 154). Zu nennen ist ferner ein urk. *heubet* (248), das dem Lutherischen *Heupt* aus mhd. *höubet* entspricht; vgl. nhd. *zu Häupten.*

Dass in diesen letztgenannten Wörtern *au* resp. sein Umlaut *ai* vor Dental vorkommt, erklärt sich aus dem ausgefallenen Labial; urspr. vor Dental stehend hätte ja *au* monophthongirt werden müssen.

Auch die Behandlung des Umlaut-*ai* in Siegen-Stadt ist ein Beweis für die völlige Gleichsetzung desselben mit dem germ. *ai*. Hier ergibt sich nämlich vor Vocal, im Auslaut und

vor zu *j* erweichtem *g* Verengung des *ai* zu *öi* resp. *öi̯*. In
Eisern haben wir auch hier immer *ai* resp. *ai̯*.

eis. *hai*, sg. st. *hëi̯*, „Heu" mhd. *höu, hou*. ahd. *houwi*, got. *havi*.
Es gehört zu ahd. *houwan*.

šdrai̯ə, sg. st. *šdrëi̯ə*, „streuen" ahd. *strouwen*, got. *stráujan*. Davon eis. *šdraisl̦*, sg. st. *šdrëi̯sl̦*, „Material zum Streuen".

eis. *drai̯ə*, sg. st. *drëi̯ə*, „drohen", eigtl. = *dräuen* ahd. *drouwen*.

eis. *âi̯lchə*, sg. st. *ëi̯lchə*, „Aeuglein", dimin. zu *âu, ǫu̯*.

Während alle hd. Dialekte der Umlautung des *ou* ziemlich
heftigen Widerstand entgegensetzten, schlich der Umlaut sich
im Md. in gewissen Wörtern ein und wurde hier zum Teil
fest. (Weinhold, mhd. Gr. [1] § 109). Auch der siegener Dialekt
zeigt Spuren dieser md. Lautentwicklung Neben frdbg. *glǫru̯*
gehört hierher das im östl. Siegerland geltende *glairə* (Wilgersdf.).
Bei *glaurə* ist der Umlaut auch in Eisern üblich in dem Opt.
Praet. *glaifdə*. Ferner nennen wir ostsg. (wilgersdf.) *kaifə*, wozu die urk. Formen *verkeufen* (211, 335), *keufen* (212, 320)
stimmen, und *laifə*. (Heinz. pg. 40).

Heinz. pg. 41 zieht hierher noch die Praet. und Part. der
Verben *šnëi̯ə* „schneien", *šrëi̯ə* „schreien", *šbëi̯ə* „speien", die sg.
šnǫu̯, gəšnǫu̯ə; šrǫu̯, gəšrǫu̯ə; šbǫu̯, gəšbǫu̯ə lauten. Dazu kommt
noch *dëi̯ə* „fortstossen", das *dǫu̯, gədǫu̯ə* bildet. Doch zeigt
hier schon der Umstand, dass wir das *ǫu̯* auch im östl. Siegerland vorfinden, dass es hier nicht auf urspr. *au* sondern auf
û zurückgehn muss. Dieses *û* entwickelte sich, zuerst im Praet.
Pl. dieser Verben, aus *iw* im Md. (Weinhold, mhd. Gr. [1] § 117);
vgl. md. Formen wie *schrûwen, geschrûwen* zu ahd. *scrian*
(Schade [2] II, 806), wie auch urk. *gelûwen* zu *lien, lyien* (sg. Uk.
123, 263), das jetzt dem sg. Dialekt verloren gegangen ist.
Dieses *ûw* wurde dann im Siegerland genau so behandelt wie
urspr. *û* vor Vocal und im Auslaut. (s. pg. 76 f.)

Das germ. eu.

Das germ. *eu*, dessen Bestand frühzeitig schon durch Wörter
mit urspr. *ë + uw* und *ëw* vermehrt wurde (Weinhold, kl. mhd.

Gr. [2] § 47), ist schon in vorgeschichtlicher Zeit durch *a*, *o*, *e* der folgenden Silbe zu *eo* gebrochen, wenn kein *i* oder *j* und kein anderer als dentaler Consonant oder *h* zwischen *eu* und den genannten Vocalen stand. Vor Gutturalen und Labialen trat diese Brechung nicht ein. (Behagel P. G. ɪ, 3, pg. 568.)

Wie im Gotischen entwickelte sich auch im Westgermanischen das *eu*, wo es ungebrochen blieb, etwa im Laufe des 8. Jahrhunderts zu *iu*. *eu* ist nur noch in den ältesten Denkmälern erhalten und zeigt sich besonders im Altsächsischen vor *w* z. B. in *treuua*, *hreuua* u. ä.

Was die Ausbreitung der Brechung des *eu* in ahd. Zeit angeht, so hielt das Obd. zunächst an dem Lautstand des Alt-germanischen fest, während die md. und nd. Dialekte auch vor Gutturalen und Labialen die Brechung eintreten liessen, die also hier nur durch folgendes *i* oder *j* verhindert wurde. So steht in ahd. Zeit frk. *leob*, *liob*, *tiof* (aber *tiufi!*) obd. *liup*, *tiuf* gegenüber, ferner frk. *liogan* obd. *linkan*, während *diot*, *leoht*, *lioht* gemeinahd. Formen sind. Später machte zwar die Brechung auch im Obd. Fortschritte, doch drang sie hier nie so allgemein durch wie im Md.

Nach dem Gesagten ist im Frk. *iu* nur vor *i*, *j* erhalten geblieben, indessen scheint daneben auch *eu*, das sich aus *ëu* oder *ë* + *w* gebildet hatte, von der Brechung verschont geblieben zu sein. Hierher gehören z. B. *briuwen*, *kiuwen*, *riuwe*, *triuwe*, *iuwer*, *niu*, *kniu*, *niun*.

Im Obd. konnte bei der später eintretenden Monophthon-girung des germ. *eu* nur die alten *iu* mit dem Umlaut-*iu* gleich-gestellt und im 12. Jahrhundert diphthongirt werden, (Weinhold, mhd. Gr. [1] § 119; kl. mhd. Gr. [2] § 43), welche ein *j*-Suffix dazu berechtigte. Diejenigen *iu*, denen dieses *j*-Suffix abging, sind dagegen vielleicht nie ganz monophthongisch geworden, jedenfalls sind sie heute noch in vielen obd. Mundarten von den Vertretern des Umlauts *iu* vollständig geschieden. cf. Brenner in Behaghel's Germania 34, pg. 245 ff. Behaghel: ebdas. pgg. 247 ff. und 370 ff. P. G. ɪ, 3, pg. 569.

Ganz anders lagen die Verhältnisse im Md. Wenn hier in den heute lebenden Mundarten auf rip. und sdfrk. Boden, (nach Behaghel in P. G. a. a. O. in Hessen, dem nördl. Thüringen und in Altenburg), für urspr. *eu* „teils *ä̂*, teils *ê* bezw. die daraus

entstehenden Diphthonge erscheinen", so bedeutet das den Zusammenfall des alten *iu* nicht mit dem Umlaut des germ. *û*
sondern mit dem *û* selbst. Wie wir im Sg. gleich sehn werden,
verteilt sich nämlich *iù* und *iú* in der Vertretung von germ. *eu*
derart, dass *iù* als Umlaut des *û* erscheinen muss, denn es steht
iú, wenn altes *iu* vor *i* oder *j* stand, *û* in den andern, weniger
zahlreichen Fällen.

Diesen Zusammenfall des alten *iu* mit dem alten *û* müssen
wir aber auch schon für die mhd. Zeit annehmen. So werden
denn auch in den sg. Urkunden beide Vocale gleichmässig durch
û bezeichnet, das wohl zuweilen nach *o* hinüberneigt, nie aber
eine Spur des Umlauts zeigt. Wir haben z. B. *lûde* 140, 167,
187, 191, 193, 195, 208, 211, 212, 214, 244, 245, 256, 260, 265,
268, 270, 276; *lûden* 229, 251, 290, 302, 311, 320; *lûdin* 288,
309, 312, 313; *lûte* 169, 170, 263; *gezûch* 28, 131; *bezûgen* 130;
gezüchnisse 208; *bezûgnisse* 244; *zûgen* 266; *ûr* 28; *ûwer* 81;
trûwen 123, 191, 266, 269, 288; *hûde* 188, 191. Ausserdem
haben wir *lûde* 214, 250, 147, 169, 187, 193, 263; *lûden* 211,
305; *gezûch* 130, 211; *trûwen* 131. Auch in *lûde* 137, 193,
263; *gezûge* 211 liegt kaum Umlaut vor, wofür eine Form wie
trûeliche 131 als Beweis dienen könnte.

Aus diesem Zusammenfall des alten *iu* mit dem germ. *û*
im Md. ergibt sich aber nun, dass die md. Bezeichnung des umgelauteten *û* durch *û* im 12. und 13. Jahrhundert nicht, wie
man bisher annahm (Weinhold, mhd. Gr.[1] § 120. Behaghel P. G.
i. 3, pg. 563), nur eine ungenaue Schreibung für ein unbeliebtes
iù war, sondern auch in der Aussprache vollem *û* entsprach. Hätte
im Md. ein Umlaut-*iu* bestanden, so wäre das alte *iu* bei seiner
Monophthongirung sicher, wie im Obd., zu diesem Umlaut, nicht
zum *û* selbst gegangen. In der md. Schreibung *û* der Denkmäler
des 12. und 13. Jahrhunderts auch für den Umlaut sehn wir die
Reaction der md. Volkssprache, die einen Umlaut von *û* damals
noch nicht gehabt hat, gegen ein ihr in der Schrift aufge-
zwungenes obd. obfrk., bd. unbeliebtes *iu*. Als nun später unter
dem Zwange der Analogie die Umlautung des *û* auch im Md. vor
sich ging, wurden die alten *iu* genau so behandelt wie die
alten *û*, d. h. vor urspr. suffixalem *i*, *j* trat der neue Umlaut
ein, während sonst der Vertreter des *û* auch das alte *iu* er-
setzte. Umlautvocal aber wurde, da *iù* in vielen md. Dialekten

verpönt war, meistens *i* resp. dessen lautlicher Nachfolger. Es
ist das eine Lautentwicklung, deren Vorläufer wir schon in
den von Weinhold (mhd. Gr. [1] § 120) citirten Reimen aus Hart-
manns Glauben vor uns haben, die *gediuten— witen* (143) —
ziten (195), *geziten — liuten* (795) aufeinander binden.

Auch der sg. Dialekt befolgt diese Entwicklung genau.
Hier haben wir die gesetzlichen Vertreter des germ. *i*, also *î*
vor *r* (ð), *s*, *r* (b) und *r*, *i* vor den andern Consonanten, *ëï* vor
Vocal und im Auslaut als Vertretung von germ. *eu*, wenn ein
suffigirtes *i, j* folgte. War dies nicht der Fall, so erhalten
wir für altes *eu* die Nachfolger von altem *û*: *û* vor den genannten vier weichen Spiranten, *u* vor den übrigen Consonanten,
ọụ vor Vocal und im Auslaut.

Bei mehreren Stämmen treten diese Lautverhältnisse noch
ganz klar zu tage. So vor allen im Praes. des Verbums *zë*
„ziehen“ ahd. *ziohan*, got. *tiuhan*. Hier haben die 2. und 3.
Pers. Sg. Ind. wegen des urspr. *i*-Suffixes *zist, zitt*, während
der Imp. *zuχ* lautet. Falsche Analogie hat dann zu dem Ind.
zist, zitt einen Imp. *zich, züch* wie nach dem Imp. *zuχ* einen
neuen Infinitiv *zuχə* hervorgebracht.

Hierher gehören ferner:

niv „neun“ entspricht mhd. *neune*, das noch in nhd. dial. *neune*
nachklingt. Es geht auf ein **niuni* zurück. (Schade [2] 1. 653).
Wo das thematische *i* am Schluss abfallen musste, z. B. in
Zusammensetzungen erhalten wir *u*, das in sg. *nuuzə* „neun-
zehn“, *nuuzich* „neunzig“ vorliegt. Eis. *nainzə, nainzich* sind
Neubildungen nach der Schriftsprache.

qọụə „kauen“ ahd. *kiuwan* hat *u*-Laut, das Iterativ *këïḷn* „durch
Verziehen des Mundes Grimassen schneiden“ den *i*-Laut.

blëïḷ „flaches Holz zum Schlagen“ md. *bliuwel*, ahd. *bliuwil* hat
den Nachfolger von *i*. Von demselben ahd. *bliuwan* ist abgeleitet sg. *blọụ* „durch den Schnee getretene Bahn“, dazu
šęnnblọụ „Schindanger“. wwäld. *blau*, westf. *bluggе*, das *u*-Laut
hat. Heinz. pg. 44; Wb. pg. 25. Für eis. *blau*, an dessen
Stelle man *blọụ* erwartet, müssen wir hess. nass. Beeinflussung
annehmen.

Wir haben ferner den *u*-Laut in folgenden Wörtern:
fûər „Feuer“ md. *rûr*, ahd. *viur*.

broŋɔ „brauen" md. *brûwen*, ahd. *briuwan.*

oü ist dat. acc. plur. des Pronomens der 2. Pers. und entspricht damit dem mhd. ahd. dat. *iu*, ist aber zugleich auch für den accus. ahd. *iuwih*, mhd. *iuch* eingetreten. Es liegt hier also die umgekehrte Analogieausbreitung vor wie in der nhd. Schriftsprache. Anders ist es beim tonlosen Pron. (s. pg. 107 f.). Das poss. *oür* entspricht md. *ûwer*, urk. *ûr* (28).

Den häufigern *i*-Laut haben wir in

li „Leute" md. *lûte*, ahd. *liuti.* Eine alte Bedeutung, die an got. *liudan* noch erinnert, hat das Sg. bewahrt, wenn *li* in einigen sprichwörtlichen Redensarten „Erwachsene" bedeutet. So in der Interjection des Erstaunens *iɔr li onn iɔr kɛɔnnr!* „ihr Leute und ihr Kinder!", sowie in dem Sprichwort *uzz kɛɔnnr vâⁱɔrn li* „aus Kindern werden Leute".

diɔr „teuer" ahd. *tiuri.*

bɔdirɔ „bedeuten", ahd. *diuten* aut **diutjan.* *i* ist verkürzt in *ditlich* „deutlich".

ditš „deutsch" ahd. *diutisc.*

zijjɔ „Zeuge", mhd. *geziuge* aus ahd. **giziugi.*

šlinnich „allmählich ansteigend" mhd. *sliunec.*

nȅẙ „neu" ahd. *niuwi.*

drȅẙ „treu" ahd. *gitriuwi*, got. *triggvs.*

šȅẙšl „Vogelscheuche", dann auch Schimpfwort, md. *schûsel* von md. *schûwen*, ahd. **sciuhjan* Schade² II, 799.

glȅẙl „Knäuel" ahd. *chliuwelin* zu *chliuwa.*

dȅẙɔ „fortstossen", „drängen" gehört zu mhd. *diuwen*, ahd. *diuwan* aus **diwjan* (Schade² I, 106). Zur selben Wurzel gehören mhd. *diu, diuwe* „Magd", got. *þius*, vb. *þivan.* Hierzu, nicht zu got. *divan* (Schade² II, 948), stellen sich ferner die slav. Wörter lith. *döwyti* „umherjagend abquälen", russ. *dariti* „drücken", „pressen". cf. Schade² I, 106; II, 931. I, pg. XLVII.

Zu diesem Zeitwort ist durch volksetymologische Ueber-tragung vielleicht ein lat. Lehnwort gestellt worden, welches ohne diese Annahme unregelmässig behandelt wäre, und zwar nicht nur im sg. sondern auch in andern Dialekten. Es ist das lat. *diabolus*, das im Sg. nicht, wie man erwarten sollte, entsprechend ahd. *tiufal* als **dirl* erscheint, sondern *dȅẙvl* lautet.

Ganz analog sind diphthongische Formen des Wortes in alem. Mundarten, die Behaghel in P. G. I. 3, pg. 565 erwähnt. Hier ist nämlich das ahd. *iu* so behandelt, als stände es vor Vocal oder im Auslaut. Die Volksseele muss also wohl hier die Empfindung gehabt haben entweder, dass das Wort ein regelrechtes Compositum, oder wenigstens, dass es eine Suffix-Ableitung eines Stammes *diu-* sei, die dann dem oben besprochenen *švisl* durchaus parallel wäre. In beiden möglichen Fällen wäre aber wohl Anlehnung an jene Wurzel *diu-, diur-,* die in sg. *dëiə* vorliegt, kaum abzuweisen. Von Seiten der Bedeutung steht dieser Uebertragung nichts im Wege, ja verschiedene Umstände zeigen, dass dem Volksglauben der Teufel als der Bedrücker des Menschen erschien. Im Volkslied der Dithmarschen erscheinen die Bedränger dieses so heftig verfolgten Völkchens als *Deusen*, d. h. Teufel (Müllenhoff, Sagen, Märchen u. Lieder aus Schlesw.-Holst. XXXVI), und noch heute bedeutet im Bair. *teufeln* einfach „prügeln" (Schmeller[2] I, 590). Das *Doggele* des Schweizers, ein Diminutiv zu *Dogo* und zum Stamme *diu-* gehörig, welches Albgeister bezeichnet (Mogk, Mythologie in P. G. I, 6, pg. 1017), kann uns zeigen, dass auch sonst Ableitungen der in Rede stehenden Verbalwurzel dem Menschen feindliche Quälgeister bezeichnen. An ein solches Wort aber konnte sehr wohl das lat. Lehnwort angeschlossen werden. Liegt ferner nicht auch in der Redensart „dich soll der Teufel reiten" eine Vorstellung zu grunde, die lebhaft an jene Alben erinnert? Für Ableitung von *tiufal* aus *diu-* in der Volksetymologie spricht auch eine weit verbreitete Nebenform des Wortes, welche sg. als *dëikr* erscheint. Hier bediente man sich bei derselben Wurzel scheinbar eines andern Suffixes. Zu diesen positiven kommen Gründe mehr negativer Art. Schon Kluge[4] 353 fällt der „echt germ. Lautcharakter" von ahd. *tiufal* auf gegenüber got. *diabaúlus*, das sich ängstlich an das griech. Stammwort anlehnt. Auch passen Neutralformen wie *tiefela, diufilir, diurala,* welche Otfrid (III, 14, 87, 53) bietet, weit besser zu einer deutschen Umbildung des Lehnworts als zu dem doch so ungemein persönlichen Sinn des lat. griech. *diabolus* „Verleumder" selbst. Trotzdem machen die erheblichen Schwierigkeiten, welche der anlautende Dental bereitet, es für die obd. Mundarten höchst zweifelhaft, ob hier Anlehnung von *diabolus* an den Stamm

diu- stattfand, zumal ja viele mundartliche und auch die schrift-
sprachliche Form ohne diese Annahme erklärt werden können.
Für das sg. *dē̆r̆l* und wohl auch für die erwähnten alem.
Formen ist dagegen die Annahme der Anlehnung zur lautlichen
Erklärung ganz unentbehrlich. Auch fügt sich ja der anlautende
Consonant in dem Sg. ohne weiteres. Ebenso sind die Schwierig-
keiten des Consonantismus im Alemannischen nicht unüberwind-
bar, denn Otfrid, der hier mit den Alemannen geht, hat nur
inlautendes, nicht aber auch anlautendes altgerm. *d* verschoben.
(Braune, ahd. Gr.² § 163.)

Unregelmässig ist sg. *hô* „heute" gegenüber md. *hûte*, ahdi
hiutu. Hier ist vielleicht Einfluss der mhd. Urkundensprache
m Spiel: wie sonst die md. Gemeinsprache *û* zeigte, wo die
sg. Mundart altes *ô* erhalten hatte, so nahm man hier nach dem
md. *hûte* im Sg. ein falsches *hô* auf.

Auch *frẹnn* „Verwandte" hat im Sg. seine besondre Entwicklung gehabt. Hier wurde das für gemhd. *iu* eintretende
md. *û* vor *nt* sehr früh verkürzt, wie das auch z. B. im Bair.
geschah (Weinhold, mhd. Gr.² §§ 130, 132; bair. Gr. §§ 60, 30).
Man vergleiche auch die Verkürzung des md. *û* aus *uo* in *stunt*,
stunden (Weinhold, kl. mhd. Gr.² § 50). Das so entstandene *u*
verfiel dann mit dem altgerm. *u* der Senkung zu *o*. Diesen
Entwicklungsgang bestätigen die sg. Urkunden, welche neben
gewöhnlichem schriftmd. *frunt* (214, 260, 266, 288, 332) auch
einige Male *fronde* haben (187, 244, 248). Der Umlaut des
heutigen sg. *frẹnn* ist wohl aus dem Plural zu erklären; der
Singular kommt überhaupt nicht vor. Den specifischen Sinn
„Verwandte" hat das Wort auch in nd. hess. els. schwäb. Dialekten (Kluge⁴ 95).

Der Brechungsvokal des *eu*, das *eo*, wird in ahd. Zeit im
Allgemeinen zu *io*, bei Otfrid zu *ia*, und dann seit 850 weiter
zu *ie* entwickelt. Im Md. ist dies *ie* nie beliebt gewesen, und
die östlichen Mundarten haben es sehr bald zu *î* vereinfacht
(Weinhold, mhd. Gr.¹ § 73 ² § 134; kl. mhd. Gr.² § 48). In den
westmd. Gebieten ist vielleicht, wie dies ja auch in nd. Mundarten die Entwicklung gewesen zu sein scheint, der Brechungsvocal *eo* in der Volkssprache überhaupt nie zu *io* gewandelt

worden, sondern hat sich direkt zu *ê* entwickelt. Jedenfalls ist auch in den Denkmälern aus Ripuarien *ê* für *eo* schon früh nachweisbar. (Weinhold, mhd. Gr. [1] § 66. [2] §§ 135, 136.) Dieses volkssprachliche *ê* haben auch die sg. Urkunden zuweilen neben dem gewöhnlichen schriftmhd. *ie* und dem ostmd. *i*. So lesen wir *lebc* 81; *kesin* 332; *rcrzich* 248; *ccmannc* 288. Auch Formen wie *leyren* 269; *keysen* 311; *reirzich* 250, 260, 261, 267, 268, 269, 288, 311 dürfen wir wohl hierherziehn. In der heutigen sg. Mundart ist wie sonst rip. das *ê* vollständig fest. Nur vor *r* ist hier, in vereinzelten Fällen auch vor *s*, eine Erhöhung des *ê* zu *iə*, *î* eingetreten, die sich auch sonst vor diesen und verwandten Consonanten eingestellt hat. (Weinhold. mhd. Gr. [1] § 99). Die ersten Spuren dieser Erhöhung des *ê* sehn wir in jener so unverhältnismässig häufigen Schreibung *reirzig* der Urkunden.

Beispiele:

rêt, daneben verkürzt *rętt*, „Ried" ahd. *riot, hriot*, agls. *hreód*.

bêrə „bieten" ahd. *biodan*, got. *biudan*.

gêzə „giessen" ahd. *giozan*, got. *giutan*.

bêstmęlch „die erste Milch der Kuh nach dem Kalben" wie mhd. *biest*, ahd. *biost* „lac novum."

bês „Binse" geht auf md. *biese*, mnd. *bese*, nicht auf ahd. *binuz*, mhd. *binz* zurück. Heinz. pg. 52. Dazu *bêslauf* „Schnittlauch".

lêf „lieb", fränk. *liob*, obd. *liup*.

gnê „Knie" ahd. *kniu*, got. *kniu*.

grêv „Griebe" ahd. *griobo*.

lêjə „lügen" ahd. *liogan*, got. *liugan*; die nhd. Schriftsprache hat unorganisches *ü*.

rêkə „Wieke", „Docht" ahd. *wiohha*.

lêcht „Licht" ahd. *lioht*. Verkürzung liegt vor in *lęchdə* „Laterne".

zê „ziehn" ahd. *ziohan*, got. *tiuhan*. Dazu gehört wohl *zêchə* „Bettüberzug", das dann nicht auf lat. *thêca* zurückgehn könnte. (Kluge [4] 396.)

rêmə „Riemen" ahd. *riomo*.

dên „dienen" ahd. *dionòn*, got. *þiunòn*.

iə für *ê* erhalten wir nach dem oben Gesagten vor *r*:

diər „Tier" ahd. *tior*, got. *dius*.

biər „Bier" ahd. *bior*, agls. *beór*.

fiər „vier" ahd. *fior*. [got. *fidvôr*].

Beide Formen, *e* und *i*, bietet der sg. Dialekt in einigen Fällen vor intervocalischem *s*, welches hier dem Rhotacismus widerstanden hat. Es ist dies der Fall in *frêsə, frisə* (so in Eisern) und *frlêsə, frlisə* zu ahd. *friosan* resp. *virliosan*. In der Stadt Siegen hat schriftsprachlicher Einfluss *friərn* und *frliərn* üblich werden lassen.

VITA.

Patre Guilelmo, matre Johanna de gente Stadermann ego, Ernestus Bernardus Schmidt, natus sum anno MDCCCLXX, die XVI. mensis Aprilis in vico Eisern in Guestphalia provincia sito. Fidem confiteor evangelicam a parentibus traditam. Domi cum scientiae tirocinium posuissem, inde ab nono aetatis anno Sigenam in urbem vicinam ut scholam viserem quae dicitur realis cotidie iter faciebam. Septendecim annos natus examine superato, postea privata per annum institutione fructus in gymnasio quod est Attendorni in oppido Guestphaliae maturitatis examine defunctus sum. Deinde in universitate literaria Lipsiensi literis et quae ad vernaculam linguam et quae ad humaniora studia pertinent per bis sex menses assidue incubui. Collegia autem adibam virorum amplissimorum, qui sunt hi:

Brugmann, Hanssen, Lipsius, Overbeck, Ribbeck, Wachsmuth, Windisch, Wundt, Fr. Zarncke, Ed. Zarncke.

Quae studia ut persequerer adii universitatem Berolinensem, quae per quatuor fere annos me tenebat, quo quidem tempore stipendia per annum emerui. Licebat autem docentes audire viros doctissimos atque clarissimos, quorum de numero laudo nomina haec:

Curtius, Diels, Dilthey, Döring, Geiger, Hirschfeld, Hübner, Kirchhoff, Oldenberg, Erich Schmidt, Joh. Schmidt, Spitta, Vahlen, Wattenbach, Weinhold.

Quibus viris facere non possum quin hoc quoque loco ex animi sententia gratias agam maximas.

THESEN.

I.
Die Annahme Kluges in seinem „Etymologischen Wörterbuch", 4. Aufl., pg. 164, dass ahd. *quëck*, engl. *quick* gegenüber got. *qius* vor *r* ein *k* entwickelt hätten, ist unmöglich Es scheint vielmehr der *k*-Laut hier ursprünglich vorhanden gewesen und in got. *qius g* vor *r* geschwunden zu sein.

II.
Die Behauptung Grimms im „Deutschen Wörterbuch" III, 891, *Erlaub* sei ein gutes Wort, besser als *Erlaubnis*, ist unhaltbar; vielmehr ist dieses eine gesetzmässige, jenes eine ungesetzliche Bildung.

III.
Das Wort *See*, ahd. *sêo*, got. *saivs* steht für **saigrs* und gehört zu nhd. *versiegen*, *sickern*, mhd. *sigen*.

IV.
Iwein 4194 ist die richtige Leseart:
ich geloubet im leider alze vruo.

V.
Die vergleichende Etymologie der idg. Sprachen muss sich aufbauen auf den vergleichenden Etymologien der Mundarten der Einzelsprachen.

VI.
Eine allgemeine Weltsprache ist als schriftliche Verkehrssprache, aber auch nur als solche, sehr wohl denkbar.